Katrin Gerleigner

Hat das Bewerbungsfoto Einfluss auf die Personalauswahl?

Wie physische Attraktivität auf Führungskräfte wirkt

Bibliografische Information der Deutschen Nationalbibliothek:

Die Deutsche Nationalbibliothek verzeichnet diese Publikation in der Deutschen Nationalbibliografie; detaillierte bibliografische Daten sind im Internet über http://dnb.d-nb.de abrufbar.

Impressum:

Copyright © Science Factory 2020

Ein Imprint der GRIN Publishing GmbH, München

Druck und Bindung: Books on Demand GmbH, Norderstedt, Germany

Covergestaltung: GRIN Publishing GmbH

Abstract

Die nachfolgende Arbeit überprüft den Einfluss der physischen Attraktivität von Bewerbern auf die Personalauswahl in Deutschland. Die Attraktivität kann Einfluss auf verschiedene Lebensbereiche einer Person nehmen und ihr einen Vorteil verschaffen. Die Wirkung der Attraktivität wird durch verschiedene Wirkmechanismen erklärt. Um die aufgestellten Hypothesen auf ihre Gültigkeit zu überprüfen, wurde ein Online-Experiment mittels einer Vignettenanalyse durchgeführt. Über Kurzbeschreibungen wurde ein Bewerberverfahren simuliert. Anhand von 101 Teilnehmern konnte erfasst werden, welchen Einfluss die physische Attraktivität verglichen mit Leistungsmerkmalen eines Bewerbers haben kann. Die Ergebnisse zeigen einen signifikanten Effekt der Attraktivität auf die Personalauswahl. Der gemessene Effekt ist größer als der Effekt der Leistungsmerkmale.

Abstract

The following thesis examines the influence of physical attractiveness on the recruitment process in Germany. Attractiveness may influence an individual's life areas in different ways. The mode of action of attractiveness can be explained by different mechanisms. To validate the established hypotheses, an experimental research design in the form of a factorial survey was conducted. Brief descriptions were used to simulate a recruitment procedure. The influence of physical attractiveness in relation to the performance characteristics of an applicant was recorded from 101 participants. The results show a significant effect of attractiveness on the recruitment decision. The measured effect is even higher than the influence of the performance characteristics.

Inhaltsverzeichnis

Abstract III

Abstract IV

Abbildungsverzeichnis VII

Tabellenverzeichnis VIII

Abkürzungsverzeichnis IX

1 Einleitung 1

2 Physische Attraktivität 4
    2.1 Definition 4
    2.2 Merkmale 5
    2.3 Wirkmechanismen 9

3 Personalauswahl 16
    3.1 Auswahlverfahren 17
    3.2 Auswahlentscheidung 24

4 Physische Attraktivität als Einflussfaktor auf die Personalauswahl 26

5 Methodisches Vorgehen 28
    5.1 Hypothesen und Fragestellungen 28
    5.2 Untersuchungsdesign 29
    5.3 Datenerhebung 29
    5.4 Stichprobe 34

6 Ergebnisse 37
    6.1 Deskriptive Statistik 37
    6.2 Hypothesenprüfende Statistik 38
    6.3 Weitere Ergebnisse 42

7 Diskussion **45**

    7.1 Kritische Auseinandersetzung der Ergebnisse 45

    7.2 Datenerhebung und Gütekriterien 47

8 Fazit **50**

Literaturverzeichnis **52**

Anhang **61**

Abbildungsverzeichnis

Abbildung 1. Faktoren, die zum Erfolg eines Mitarbeiters in einem Unternehmen beitragen. 16

Abbildung 2. Aspekte der Passung zwischen Tätigkeit und Person 16

Abbildung 3. Vergleich der Anforderungen der Tätigkeit und dem Bewerber. 18

Abbildung 4. Exemplarische Fotos attraktiver und unattraktiver Bewerber 30

Abbildung 5. Auszug aus dem Fragebogen 32

Abbildung 6. Rücklaufquote der Online-Befragung. 33

Abbildung 7. Schematische Darstellung des Datensatzes. 33

Abbildung 8. Altershäufigkeiten der Teilnehmer 35

Abbildung 9. Geschlechterunterschied der Selbsteinschätzung der Attraktivität.......... 36

Abbildung 10. Interaktionseffekt Attraktivität und Berufserfahrung auf die Einstellungsentscheidung. 40

Abbildung 11: Geschlechterunterschied der Einstellungsentscheidung 42

Abbildung 12. Geschlechterunterschied der Selbsteinschätzung auf die Personalauswahl. 44

VII

Tabellenverzeichnis

Tabelle 1 Merkmale von attraktiven Gesichtern 7

Tabelle 2 Arten von Leistungstests 23

Tabelle 3 Demographische Daten der Teilnehmer 35

Tabelle 4 Deskriptive Datenauswertung... 37

Tabelle 5 Auswertung der mehrfaktoriellen Varianzanalyse *Anmerkung*. Signifikante Werte sind gekennzeichnet durch * für $p < 0.05$. 38

Tabelle 6 Unterschied zwischen Männern und Frauen in der Einstellungsentscheidung 41

Tabelle 7 Zusammenhang der Selbsteinschätzung auf die Personalauswahl................... 43

Abkürzungsverzeichnis

bzw.	beziehungsweise
d	Effektstärke Cohens d
ggf.	gegebenenfalls
M	Mittelwert
Med.	Median
n	Anzahl
η^2	Eta-Quadrat
p	Signifikanzwert
r	Korrelationskoeffizient
R	Statistik-Programm
SD	Standardabweichung
usw.	und so weiter

1 Einleitung

> "Es ist gar nicht leicht, so schön zu sein, wie man aussieht."
> (Stone, 2009, zitiert nach Bedge, 2009, S. 59)

Die Schönheit des Menschen, sein erster Eindruck, wird in den ersten (maximal 30) Sekunden einer Begegnung zwischen Menschen wahrgenommen und hat in allen Beziehungsgestaltungen einen hohen Stellenwert. Die Mehrheit der Menschen geht davon aus, dass Schönheit, auch physische Attraktivität genannt, subjektiv zu betrachten ist. Dies spiegelt sich im Sprichwort *Schönheit liegt im Auge des Betrachters* wider.

Attraktivität wird basierend auf (individuellen) Erfahrungen mit den Augen wahrgenommen (Welt, 2015, o.S.). Insbesondere das Gesicht und der Körper von schönen Menschen bleiben in Erinnerung und ziehen die Aufmerksamkeit auf sich. Daher gelten sie als wichtige Merkmale, um die Attraktivität einer Person zu erfassen (Fink, Grammer & Kappeler, 2006, S. 30; Gallup & Frederick, 2010, S. 241-243). Eine Reihe von Studien der empirischen Forschung im Feld der Attraktivität konnten nachweisen, dass physische Attraktivität objektiv und damit messbar ist (Hassebrauck, 1993, o.S.; Lutz, Kemper, Beierlein, Margraf-Stiksrud & Rammstedt, 2013, o.S.; Rosar, Klein & Hagenah, 2014, o.S.). Belegt werden diese Studien durch Wirkmechanismen, die den Einfluss der Attraktivität in vielen Lebensbereichen, zum Beispiel auf die Partnerwahl oder den Berufserfolg erklären. Attraktive Menschen erhalten demnach nicht nur mehr Aufmerksamkeit, ihnen werden auch positive Eigenschaften zugeschrieben sowie Fehler schneller und leichter verziehen (Rosar & Klein, 2009, S. 624-625). Bereits Säuglinge nehmen Attraktivität von Erwachsenen wahr, indem sie ihnen mehr Aufmerksamkeit durch eine längere Beobachtungszeit schenken. Aber auch attraktive Kinder werden von Erwachsenen bevorzugt behandelt und sind beliebter bei Gleichaltrigen (Dion & Berscheid, 1974, S. 10; Langlois, Ritter, Roggman & Vaughn, 1991, S. 79). Demnach sind es attraktive Menschen gewohnt bevorzugt behandelt zu werden. Ihre Umwelt fühlt sich von ihnen angezogen. Die Tatsache entspricht der Bedeutung des Worts Attraktivität selbst, das von Anziehungskraft (lat. attrahere, anziehen) kommt.

Die dargestellte Erörterung wirft die Frage auf, ob die physische Attraktivität einer Person einen signifikanten Einflussfaktor auf Personalentscheidungen und im Auswahlverfahren darstellt. Die richtige Personalauswahl ist wichtig für den Erfolg eines jeden Unternehmens. Die Personalabteilung sowie die Führungskräfte, die für die Beurteilung der Kandidaten zuständig sind, müssen anhand von Kompetenzen der Bewerber die richtige Person für die zu besetzende Stelle auswählen. Ihnen steht eine Reihe von Auswahlverfahren zur Verfügung, die sich in Kosten- und Zeitaufwand unterscheiden. Neben den Fähigkeiten und Leistungen des Bewerbers kann auch die physische Attraktivität eine Rolle spielen. Dieser Einfluss wird durch den sogenannten *Halo-Effekt* hervorgerufen, der unbewusst andere Leistungsmerkmale ausblendet und der Attraktivität einen Vorzug gewährt. Es existieren bereits Studien zum Einfluss der physischen Attraktivität auf die Personalauswahl (Watkins & Johnston, 2000, o.S.; Ruffle & Shtudiner, 2014, o.S.). Allerdings gibt es für Deutschland keine vergleichbaren Erhebungen. Die Forschungen beschränken sich auf eine Studie aus 1979 (o.S.) von Schuler und Berger. Die heutigen Personalauswahlverfahren gab es in den 70er-Jahren allerdings noch nicht, daher lässt sich die Studie nicht auf die heutige Personalauswahl transferieren.

In der vorliegenden Bachelorarbeit trägt diesem Forschungsdesiderat Rechnung. In einem einleitenden analytischen und einem anschließenden statistischen Teil wird der Frage nachgegangen, ob die physische Attraktivität eines Individuums in Deutschland heute einen signifikanten Einfluss auf eine positive Entscheidung in der Personalauswahl hat. Es wird das Verständnis von physischer Attraktivität sowie deren Einfluss auf Personalentscheidungen erörtert.

Zu Beginn dieser Arbeit wird eine Definition für die physische Attraktivität und deren Merkmale gegeben. Die bedeutendsten Merkmale, bestehend aus dem Gesicht und dem Körper, werden in Bezug auf die physische Attraktivität näher erläutert. Anschließend werden die grundlegenden Wirkmechanismen sowie die moderierenden Effekte der physischen Attraktivität unter Berücksichtigung der wichtigsten Studien dargestellt (Kapitel 2). Das dritte Kapitel widmet sich dem Thema der Personalauswahl und beleuchtet die verschiedenen Anforderungen an das Unternehmen, an die Bewerber sowie an die ausgeschriebene Stelle. Es werden verschiedene Personalauswahlverfahren diskutiert, insbesondere der biografieorientierte Ansatz, der für die Datenerhebung relevant ist. Auf die Analyse der Bewerbungsunterlagen und deren Bestandteile wird im Detail eingegangen. Die physische Attraktivität als Einflussfaktor auf die Personalauswahl bildet den Abschluss des theoretischen Teils. Das Kapitel 4 widmet sich dem aktuellen Forschungsstand zu diesem Thema und stellt eine Überleitung zur nachfolgenden Datenerhebung her. In Kapitel 5 wird die methodische Vorgehensweise erklärt. Anfangs werden die Hypothesen benannt sowie das Untersuchungsdesign erläutert. In der Datenerhebung wird auf die Fragebogenkonstruktion eingegangen sowie der Befragungsablauf rekonstruiert. Zum Abschluss des Kapitels wird die Stichprobe beschrieben.

Die Ergebnisse der empirischen Datenerhebung werden untergliedert in deskriptive und hypothesenprüfende Statistik sowie weitere Ergebnisse der Studie. Diese Ergebnisse werden anhand der zuvor thematisierten Theorie diskutiert und eine kritische Auseinandersetzung mit der Datenerhebung vollzogen. Im Anschluss daran folgt ein Fazit des Gesamtthemas aus Sicht der Autorin (Kapitel 6 und 7).

2 Physische Attraktivität

2.1 Definition

In der heutigen Gesellschaft gewinnt Schönheit immer größere Bedeutung. Obwohl die Wahrnehmung dieser oftmals als subjektiv beschrieben wird, gibt es Unterschiede in Kultur, Geschichte, Gesellschaft oder in den verschiedenen Ländern (Schwarz, 2015, S. 141). Beispielsweise gelten in Teilen Afrikas Menschen mit Übergewicht als attraktiv. Gleichzeitig gilt dies als ein Zeichen für Wohlstand. Mädchen und heiratsfähige Frauen werden bis zu ihrer Hochzeit mit Milch und Brei gefüttert, damit ihre Rundungen noch weiter anwachsen und sie somit für Männer attraktiver sind (Marg, 2012, o.S.). Das europäische Schönheitsideal legt Wert auf eine schlanke Figur und ein junges bis jugendliches Aussehen (Schipperges & Simon, 2010, o.S.). Bereits Darwin stellte im Jahr 1874 (S. 557) die Unterschiedlichkeit in der Wahrnehmung von Schönheitsidealen in den verschiedenen Rassen fest. Aufgrund der kulturellen Unterschiede definiert er, dass es für Schönheit keine allgemeinen Beurteilungskriterien gibt: „It is certainly not true that there is in the mind of man any universal standard of beauty with respect to the human body" (Darwin, 1874, S. 578). Verschiedene Studien widerlegen diese Aussage in Teilen und bestätigen, dass es durchaus Übereinstimmungen zwischen den Kulturen für die Bewertung von Schönheit gibt und eine Beurteilung nicht überwiegend subjektiv zu betrachten ist (McArthur & Berry, 1987, o.S.; Perrett, May & Yoshikawa, 1994, o.S.).

Die Beurteilung der physischen Attraktivität erfolgt durch die Wahrnehmung des anderen Menschen mit den Augen und dem sogenannten Stereotyp der physischen Attraktivität. Dieser Stereotyp basiert auf dem ersten Eindruck und schreibt dem Menschen aufgrund seines attraktiven äußeren Erscheinungsbildes positive Persönlichkeitsmerkmale zu (Dion, Berscheid & Walster, 1972, S. 289). Physische Attraktivität ist auch für die Partnerwahl wichtig und wird aus Sicht der Evolutionsbiologie durch die *guten Gene* erklärt, die für Gesundheit und Fruchtbarkeit stehen. Attraktivität wird somit als Ergebnis der sexuellen Selektion angesehen (Fink et al., 2006, S. 32). Um die Attraktivität zu steigern wird in der modernen Zivilisation durch Kosmetik, Kleidung oder Schönheits-Operationen nachgeholfen. Dadurch kann das Selbstbewusstsein und Selbstwertgefühl der Person erhöht werden (Degele, 2004, S. 9-10). Der Begriff der Schönheit wird in der Literatur durch verschiedene Merkmale beschrieben beziehungsweise mit der Durchschnittlichkeit erklärt (Fink et al., 2006, S. 30). Die physische Attraktivität muss von der allgemeinen Definition für Schönheit und Attraktivität abgegrenzt werden. Für sie kann eine allgemeine Umschreibung herangezogen werden, die sich auf die Merkmale einer Person bezieht, die von anderen Personen als attraktiv wahrgenommen werden (Asendorpf, 2009, S. 63).

2.2 Merkmale

Die Beurteilung der physischen Attraktivität einer Person entsteht durch die Wahrnehmung verschiedener Dimensionen. Besonders im Fokus steht dabei das Gesicht sowie der Körper. Diese Merkmale stehen in einem Zusammenhang mit der Fruchtbarkeit und der Gesundheit eines Menschen. Beide Faktoren sind für die Fortpflanzung sowie die Partnerwahl essenziell (Fink et al., 2006, S. 30; Gallup & Frederick, 2010, S. 241-243). Bei der Bewertung der Attraktivität lassen sich Geschlechterunterschiede feststellen. Bei der Wahrnehmung von Frauen werden Faktoren bevorzugt, die mit Jugend und Gesundheit assoziiert werden können, wohingegen bei den Männern Eigenschaften, die Erfahrenheit und Dominanz signalisieren, favorisiert werden (Buss & Schmitt, 1993, S. 216).

2.2.1 Gesicht

Dem Gesicht wird eine außerordentliche Gewichtung in der physischen Attraktivität zugeschrieben, da es als stärkster Faktor zur Einschätzung der Gesamtattraktivität einer Person angesehen wird (Peters, Rhodes & Simmons, 2007, S. 941). Bereits Kleinkinder nehmen die Schönheit von Gesichtern wahr und schenken diesen Personen, durch eine längere Beobachtungszeit mehr Aufmerksamkeit als unattraktiven Gesichtern (Langlois et al., 1991, S. 79). Wichtige Eigenschaften des Gesichts sind die *Mimik* (dynamisch) und die *Physiognomie* (statisch). Sie sind bedeutende Übermittler von Informationen in der sozialen Interaktion. Der Gesichtsausdruck übermittelt die aktuelle Gefühlslage einer Person. Durch einen positiven Gesichtsausdruck, wie zum Beispiel ein breites Lächeln, kann die Attraktivität gesteigert werden. Die Physiognomie übermittelt Informationen zu biologischen Merkmalen, wie zum Beispiel der Fruchtbarkeit und der Gesundheit. Die geschlechtsspezifischen Merkmale, wie die vollen Lippen bei Frauen oder der Bart bei Männern, werden als ein Signal für diese Faktoren wahrgenommen (Rhodes, 2006, S. 208; 216). Die Mimik sowie die Physiognomie sind wichtige Bestandteile dreier bedeutender Theorien zur Untersuchung der Eigenschaften von Gesichts-Attraktivität: Der Theorie der Durchschnittshypothese, des sexuellen Dimorphismus und der Symmetrie-Hypothese (Gründl, 2011, S. 1-2).

Die Durchschnittshypothese stützt sich auf die Theorie, dass die Attraktivität eines Gesichts umso höher eingeschätzt wird, desto durchschnittlicher es ist. Ein Gesicht, das sich mathematisch von der Durchschnittlichkeit wegbewegt, wird zunehmend als unattraktiv beurteilt (Langlois & Roggmann, 1990, S. 119). Francis Galton (1878, o.S.) gilt als erster Forscher, der durch die Verschmelzung von diversen Gesichtern das prototypische Gesicht entdeckte. In der Forschung von Langlois und Roggman (1990, S. 117-118) wurden Bilder von Personen, getrennt nach Geschlechtern, am Computer zusammengesetzt. Diese Durchschnitts-Gesichter wurden mit weiteren Bildern verschmolzen. Es konnte festgestellt werden, dass die Durchschnitts-Gesichter als attraktiver beurteilt wurden. Eine neuere Studie zu Durchschnitts-Gesichtern wurde von Braun, Gründl, Marberger & Scherber (2001, o.S.) durchgeführt. Bei dieser Studie wurden die Gesichter durch das *Morphen* miteinander verschmolzen. Diese Methode ist die derzeit etablierte Technik, um aus zwei oder mehreren Gesichtern eines herzustellen. Dieses Verfahren hat aber auch den Nachteil, dass bei den finalen Bildern Strukturen verloren gehen, wie zum Beispiel die der Haare, Falten oder Haut. Diese verlorene Struktur glättet das Gesicht und lässt es somit attraktiver erscheinen (Braun et al., 2001, S. 18; 40). Als Gründe für die attraktive Bewertung von Durchschnitts-Gesichtern werden die hohe Symmetrie, die durchschnittlichen Gesichtsproportionen und die durch das Morphen makellosen Gesichter angeführt (Gründl, 2011, S. 4).

Dass symmetrische Gesichter die Attraktivität steigern können, wird in der Symmetrie-Hypothese unterstellt. Eine hohe Symmetrie des Gesichts ist ein Zeichen für Gesundheit und soll somit die Chancen am Partnermarkt steigern (Gangestad & Thornhill, 1997, o.S.). Die Studien zu Symmetrie des Gesichts sind vielfältig, allerdings mit verschiedenen Ergebnissen. Sie reichen von gar keinem Effekt (Hönekopp, Bartholomé & Jansen, 2004, o.S.) bis hin zu einem großen Effekt (Little & Jones, 2003, o.S.). Ein normales menschliches Gesicht ist in der Regel nicht symmetrisch. Symmetrie wird in der Forschung unterschiedlich operationalisiert, daher weichen die Ergebnisse zu den Studien erheblich ab (Gründl, 2011, S. 122-123). Asymmetrien oder nicht perfekte Gesichter können ebenso als attraktiv beurteilt werden, da sie Aufmerksamkeit erwecken und normaler wirken (Asendorpf, 2009, S. 65). Die Ergebnisse aus der Studie von Gründl (2011) belegen ebenfalls: „Symmetrie spielt für die Attraktivität eines Gesichts praktisch keine Rolle" (S. 237).

Die Theorie des sexuellen Dimorphismus ist die dritte wichtige Hypothese der Bewertung von Gesichts-Attraktivität. Nach dieser Theorie soll ein weibliches Gesicht sehr feminin aussehen und ein männliches Gesicht sehr maskulin. Diese Hypothese steht damit im Widerspruch zur Durchschnittshypothese (Gründl, 2011, S. 239-240). Die typischen Merkmale, die die Attraktivität eines Frauen- bzw. eines Männergesichts steigern, werden in Tabelle 1 aufgezählt. Die Merkmale, die für beide Geschlechter gelten, wurden fett hervorgehoben.

Weibliches Gesicht	Männliches Gesicht
– **Braunere Hautfarbe**	– **Braunere Hautfarbe**
– **Schmalere Gesichtsform**	– **Schmalere Gesichtsform**
– **Weniger Fettansatz**	– **Weniger Fettansatz**
– **Vollere** und gepflegte **Lippen**	– **Vollere Lippen**
– Größerer Augenabstand	– Symmetrischer Mund
– Schmalere und **dunklere Augenbrauen**	– **Dunklere Augenbrauen**
– Volle, längere und **dunklere Wimpern**	– Volle und **dunklere Wimpern**
– **Höhere Wangenknochen**	– Breitere obere Gesichtshälfte
– Schmalere Nase	– **Höhere Wangenknochen**
– Keine Augenringe	– Markanter Unterkiefer und Kinn
– **Dünnere Augenlider**	– Keine Geheimratsecken
	– **Dünnere Augenlider**
	– Keine Falten zwischen den Mundwinkeln und Nase

Tabelle 1 Merkmale von attraktiven Gesichtern
Anmerkung. Eigene Darstellung nach Braun et al., 2001, S. 43.

Bei der Theorie des sexuellen Dimorphismus spielt zudem das *Kindchenschema* eine Rolle. Durch ein kindliches Aussehen der Frau wird die Attraktivität für die Männer erhöht und der Beschützerinstinkt geweckt. Die kindlichen Merkmale decken sich teilweise mit den Merkmalen von Erwachsenen. Daraus lässt sich schließen, dass die Mischung aus beiden Faktoren eine hohe Attraktivitätsbeurteilung erhält. Bei den Männern hingegen wird ein kindliches Gesicht nicht gewünscht. Umso ausgeprägter die Erwachsenenmerkmale vorhanden sind, desto attraktiver werden sie wahrgenommen (Fink et al., 2006, S. 32-33).

Durch die angeführten Studien wird deutlich, dass bei der Gesichts-Attraktivität die Durchschnittlichkeit sowie die verschiedenen Merkmale eines Gesichts eine wichtige Rolle in der Beurteilung von Attraktivität spielen. Für die Symmetrie hingegen kann nur ein geringer bis gar kein signifikanter Einfluss festgestellt werden.

2.2.2 Körper

Ein weiteres wichtiges Merkmal zur Beurteilung und Wahrnehmung von physischer Attraktivität ist der Körper, insbesondere die Form und die Figur. Für die Messung der Attraktivität des Körpers wird eine Kombination aus Body-Mass-Index (BMI) und Waist-to-hip ratio (WHR) genutzt, da eine positive Korrelation zwischen BMI und WHR besteht (Singh, Dixson, Jessop, Morgan & Dixson, 2010, S. 176). Der WHR ist die Körperfettverteilung, die am Taille-zu-Hüfte-Verhältnis gemessen wird. „WHR is a reliable morphological indicator of sex hormone profile, risk for major diseases such as diabetes, hypertension, heart attack, gallbladder disease, ovarian and breast cancer and stroke, independent of overall body fat." (Singh, 1994, S. 284). Die Fettverteilung wird durch das Sexualhormon reguliert. Bei Frauen kann auch von einer *gynoiden* Fettverteilung gesprochen werden, da sich der weibliche Körperbau durch die Hormone, besonders im Gesäß sowie am Oberschenkel, abrundet. Die *androide* Verteilung des Fettanteils ist hingegen bei Männern zu beobachten. Das Testosteron ist für die Fettablagerung im Bauch verantwortlich, sodass sich dieses nicht am Gesäß oder den Oberschenkeln absetzt. Die geschlechtsspezifische Verteilung des Fettanteils kann durch den WHR gemessen werden. Bei Frauen liegt der WHR zwischen 0,67 und 0,80 und bei Männern zwischen 0,85 und 0,95 (Furnham, Tan & McManus, 1997, S. 540). Aus diesen Faktoren kann geschlussfolgert werden, dass Männer und Frauen mit einem niedrigen WHR als sehr attraktiv beurteilen werden (Henss, 2000, S. 502). Der BMI gibt das Verhältnis zwischen Körpergewicht und -größe an, der Normalbereich für Frauen liegt bei 19 bis 24 und bei Männer von 20 bis 25 (Cyrus, 2010, S. 29). Der optimale Bereich des BMI in Bezug auf Gesundheit, Fruchtbarkeit und Attraktivität beträgt 18 bis 19 (Tovée, Maisey, Emery & Cornelissen, 1999, S. 216). Der BMI ist ein guter Richtwert für die Gesundheit und Fitness einer Person, aber er unterscheidet nicht, ob es sich beim Gewicht um Körperfett oder Muskeln handelt. Dies kann dazu führen, dass Menschen mit einem hohen BMI als übergewichtig eingestuft werden, obwohl sie einen hohen Anteil an Muskelmasse haben (Bozoyan & Wolbring, 2013, S. 240). Übergewicht wirkt sich bei Frauen und Männern bei der Beurteilung der Attraktivität negativ aus. Frauen werden aber aufgrund ihres Übergewichts nicht als ungesund betrachtet, da sie die Fette für die Fortpflanzung benötigen. Bei Männern wird die Attraktivität mit Gesundheit assoziiert. Ist ein Mann attraktiv, so wird er auch als gesund wahrgenommen (Furnham et al., 1997, S. 546). Frauen mit einem niedrigen BMI sowie WHR werden von Männern sowie von Frauen attraktiver bewertet (Kościński, 2013, o.S.).

2.3 Wirkmechanismen

Die physische Attraktivität kann Einfluss auf den Erfolg oder den Misserfolg in verschiedenen Lebensbereichen nehmen. Attraktiveren Menschen werden nicht nur positive Eigenschaften zugeschrieben, sie erhalten auch mehr Aufmerksamkeit und haben bessere Chancen in der Partnerwahl. Diese Phänomene können über die verschiedenen Wirkmechanismen erklärt werden. Diese Mechanismen sind der *Attractiveness Consensus, Attractiveness Stereotype, Attractiveness Attention Boost, Attractiveness Glamour Effect, Attractiveness Treatment Advantage*. Die physische Attraktivität kann durch bestimmte Effekte moderiert, zu ihnen gehört der *Attractiveness Frog Pond Effect*, die *Beauty Penalty* sowie der *Beauty Is Beastly Effect* (Rosar et al., 2014, S. 179-187). Diese Wirkmechanismen werden im Folgenden durch entsprechende Studien belegt und erläutert.

2.3.1 Attractiveness Consensus

Wird das Sprichwort, *Schönheit liegt im Auge des Betrachters* wortwörtlich genommen, so könnte man davon ausgehen, dass Attraktivität eine subjektive Wahrnehmung und Einschätzung einer Person ist. Diese wäre abhängig von ihren Vorlieben sowie dem Geschmack des Einzelnen. In der Literatur können Belege gefunden werden, dass Schönheit nicht subjektiv ist, sondern objektiv gemessen werden kann. Der Attractiveness Consensus ist die Basis für alle weiteren Wirkmechanismen der physischen Attraktivität und erklärt, dass die Attraktivität auf die Zuschreibung verschiedener Merkmale zu einer Person zurückzuführen ist (Rosar et al., 2014, S. 187-188). Rosar et al. bezeichnet den Attractiveness Consensus treffend als: „Schönheit wirkt, weil wir alle Schönheit erkennen" (2014, S. 188). Es gibt verschiedene Verfahren, um die physische Attraktivität zu messen, die am häufigsten verwendeten sind das Rating- oder Rangordnungsverfahren sowie der Paarvergleich. Um die Rating- und Rangordnungsverfahren miteinander zu beurteilen, wurden in der Studie von Hassebrauck (1993, S. 31) Probanden Fotografien vorgelegt, welche sie nach ihrem Aussehen und anschließend auf ihre Attraktivität über eine 9-stufige Likert-Skala einstufen sollten. Zum Abschluss der Studie mussten die Probanden die Portraits in eine Rangordnung bringen. Durch diese Studie konnten die Mittelwerte des Ratings- sowie der Rangordnung ermittelt und miteinander verglichen werden. Dieses Verfahren wird auch die *truth-by-consensus* Methode genannt. Die Ergebnisse zeigen, dass es in der Urteilsbewertung der Attraktivität einer Person große Übereinstimmungen bei den unterschiedlichen Betrachtern gibt. Die Abweichungen sind marginal und lassen sich auf geringe Geschmacksunterschiede zurückführen (Hassebrauck, 1993, S. 31-38). Somit lässt sich die physische Attraktivität durch verschiedene Erhebungsmethoden erfassen und kann als ein *askriptives* Merkmal angesehen werden.

2.3.2 Attractiveness Stereotype

Der Attractiveness Stereotype beschreibt die Wirkung der physischen Attraktivität im Sinne von „what is beautiful is good" (Dion et al., 1972, S. 285). Dieser Effekt wird auch als Halo-Effekt bezeichnet. Dieser besagt, dass „[...] ein auffälliges Merkmal die Beurteilung anderer Merkmale beeinflusst [...]" (Asendorpf, 2009, S. 64). Nach diesem Wirkmechanismus werden attraktiven Personen bestimmte positive Persönlichkeitseigenschaften zugeschrieben. Innerhalb von Sekunden entscheidet eine Person, ob sie sein Gegenüber attraktiv findet oder nicht und welche Eigenschaften sie dieser zuordnet. Dies kann auch auf den ersten Eindruck zurückgeführt werden (Asendorpf, 2009, S. 63). Die Eigenschaften umfassen zum Beispiel Freundlichkeit, Zuverlässigkeit, Vertrauenswürdigkeit, Intelligenz, Kompetenz sowie Leistungsstärke und Durchsetzungsstärke (Dion et al., 1972, S. 283; Braun et al., 2001, S. 44). Dion et al. (1972, o.S.) untersuchten den Attractiveness Stereotype in einer Studie und ließen die Attraktivität von ausgewählten Fotos durch Studenten beurteilen sowie anschließend Persönlichkeitseigenschaften zuordnen. Ebenso wurde eine Einschätzung zum beruflichen und sozialen Erfolg vorgenommen. Die Ergebnisse dieser Studie zeigen, dass attraktiven Menschen überwiegend positive und soziale Faktoren sowie beruflicher und sozialer Erfolg zugeschrieben werden. Ein Unterschied der Geschlechter wurde in dieser empirischen Erhebung nicht untersucht. Eine neuere Studie zum diesem Wirkmechanismus wurde von Braun et al. (2001, o.S.) durchgeführt, bei der die Korrelation zwischen Attraktivität und den Big-Five Persönlichkeitsfaktoren überprüft wurde. Bei den Faktoren Erfolg, Zufriedenheit, Sympathie, Fleiß, Kreativität, Intelligenz sowie Geselligkeit besteht bei Männern und Frauen eine hohe Korrelation mit der Attraktivität. In Bezug auf attraktive Frauen konnte festgestellt werden, dass ihnen nicht nur positive Eigenschaften zugeteilt werden, sondern auch Arroganz, Eitelkeit und eine Tendenz zum Ehebruch (Braun et al., 2001, S. 43-44). Dieses Ergebnis kann auf den Eifersuchtseffekt zurückgeführt werden, bei dem unattraktive Personen den attraktiven Menschen eine schlechtere Beurteilung aussprechen und ihnen negative Eigenschaften zuschreiben. Die Studienergebnisse lassen sich deshalb so zusammenfassen, dass ein Attractiveness Stereotype existiert, dieser aber mit Einschränkungen greift (Dermer & Thiel, 1975, S. 1173-1175).

2.3.3 Attractiveness Attention Boost

Kleinkinder nehmen bereits die Attraktivität von Personen durch eine längere Beobachtungszeit wahr (Langlois et al., 1991, S. 79). So liegt die Vermutung nahe, dass attraktiven Personen durch ihre Umwelt mehr Beachtung geschenkt wird, wenn bereits im Babyalter Schönheit ein Merkmal ist, das Aufmerksamkeit erregt. Durch die physische Attraktivität werden sie schneller sowie öfter wahrgenommen und bleiben länger in unserer Erinnerung (Maner, Kenrick, Becker, Delton, Hofer, Wilbur & Neuberg, 2003, S. 1112-1113). Dies spricht für das Vorhandensein des Attractiveness Attention Boost, der genau dieses Phänomen beschreibt. Eine Studie, die diesen Wirkmechanismus belegt, wurde von Maner et al. (2003, o.S.) durchgeführt. Den Probanden wurden Fotografien, die auf ihr Attraktivitätsniveau bereits getestet wurden, von weiblichen sowie männlichen Gesichtern vorgelegt. Die Fotos unterschieden sich in der Betrachtungsdauer, die zwischen vier bis 40 Sekunden lag. Beide Geschlechter beurteilten die Attraktivität von Frauen sehr hoch, wenn die Betrachtungsdauer vier Sekunden betrug. Bei einer längeren Betrachtungsdauer konnte dies nicht festgestellt werden. Die Ergebnisse zeigten, dass die attraktiven Personen mehr Aufmerksamkeit erregten und im Gedächtnis blieben. Insbesondere weibliche attraktive Gesichter erhielten von beiden Geschlechtern mehr Beachtung (Maner et al., 2003, S. 1112-1113).

2.3.4 Attractiveness Glamour Effect

Ein weiterer Vorteil, den attraktive Menschen genießen, ist das schnellere Verzeihen von Fehlern. Dies geschieht entweder durch die Relativierung des Fehlers oder das sie für diesen nicht verantwortlich gemacht werden. Bei diesem Phänomen wird auch vom Attractiveness Glamour Effect gesprochen (Rosar et al., 2014, S. 189). Dieser Effekt zeigt sich mit steigender Attraktivität und wurde von Bassili (1981, o.S.) bestätigt. Die Teilnehmer seiner Studie bagatellisierten die negativen Merkmale bei attraktiven Personen, welche sie über Fotos dargestellt bekamen. Er stellte fest, dass der Glamourbegriff ein wichtiges Merkmal zwischenmenschlicher Beziehungen darstellt. Das Verhalten kann auf verschiedene Art und Weise durch die Anziehungskraft des Schönen beeinflusst werden. Bassili führt dies darauf zurück, dass Glamour zum Beispiel in Verbindung mit Schönheit in der Werbung gebracht wird und somit attraktive Personen in diese Kategorie instinktiv einsortiert werden (Bassili, 1981, S. 250-252). Auch bei diesem Wirkmechanismus wird von der Attraktivität darauf geschlossen, dass die Personen gute Menschen sind. Rosar et al. (2014) formuliert das prägnant: „Kurzum, schöne Menschen erscheinen uns als gute Menschen, weil wir alle glauben, dass sie gut sind, und weil wir alle glauben wollen, dass sie gut sind." (S. 188-189). Somit profitieren schöne Menschen nicht nur davon, dass ihnen positive Eigenschaften zugeschrieben werden, bei ihnen wird auch eine negative Seite der Persönlichkeit mehr akzeptiert und verziehen. Das spricht auch dafür, dass der Attractiveness Stereotype die Basis für den Attractiveness Glamour Effect darstellt.

2.3.5 Attractiveness Treatment Advantage

Schöne Menschen werden in vielen Bereichen und Lebenslagen bevorzugt, was bereits durch die vorherigen Wirkmechanismen deutlich wurde. Dieser Bonus wird auch als Attractiveness Treatment Advantage bezeichnet. Die Bevorzugung kann bereits im Kindesalter beobachtet werden und zieht sich als roter Faden durch das Leben. Attraktive Kinder sind beliebter und haben somit auch mehr Aufmerksamkeit als nicht so attraktive Gleichaltrige (Dion & Berscheid, 1974, S. 10). In einer Studie (Wilson & Eckel, 2006, o.S.) wurde überprüft, ob ein Prämienbonus für attraktive Personen besteht. Wilson und Eckel ließen ihre Probanden fotografieren und an einem Vertrauensspiel teilnehmen. Durch verschiedene Instrumente wurde die Risikoeinstellung sowie die Einstellung zu Vertrauen und Altruismus erfasst. In einem zweiten Teil der Studie wurde eine Bewertung der Fotos der ersten Gruppe durch eine unabhängige zweite Gruppe vorgenommen. Die Ergebnisse zeigen, dass attraktiven Erwachsenen mehr Vertrauen und Respekt entgegengebracht wird. Sie erhalten zudem mehr Hilfeleistungen von ihrer Umwelt (Wilson & Eckel, 2006, S. 199). Dass sich die Bevorzugung auch auf die Leistung auswirken kann, zeigt eine Studie, bei der überprüft wurde, ob schöne Schüler die besseren Noten erhalten. Diese Aussage konnte bestätigt werden und belegt, dass es einen Bonus für attraktive Personen in vielen Lebensbereichen geben kann (Dunkake, Kiechle, Klein & Rosar, 2012, S. 152).

2.3.6 Moderation der Wirkung physischer Attraktivität

Neben den positiven Reaktionen müssen auch die Effekte berücksichtigt werden, die eine negative Ausprägung annehmen können. Diese können die Wirkung physischer Attraktivität moderieren. Sie werden als *Attractiveness Frog Pond Effect, Beauty Penalty* und *Beauty Is Beastly Effect* bezeichnet (Rosar & Klein, 2009, S. 624).

Attractiveness Frog Pond Effect

Die Wirkungsstärke einer attraktiven Person kann vom Attraktivitätsniveau anderer Personen beeinflusst werden. Ausschlaggebend ist das Gesamtniveau und die Konformität aller anwesenden Personen. Dies wird durch den Attractiveness Frog Pond Effect beschrieben. Demnach kann es dazu kommen, dass bei einem hohen Attraktivitätsniveau der Gruppe der Einfluss der einzelnen attraktiven Person geringer wird (Rosar, Klein & Beckers, 2008, S. 69). Diesen Effekt untersuchte Rosar et al. (2008, o.S.) unter dem Gesichtspunkt der Attraktivität von Politikern zur NRW-Landtagswahl 2005. Die Probanden der Onlinebefragung erhielten Fotos von den Kandidaten der Wahl und beurteilen deren Attraktivität. Die Attraktivität wurde mit dem tatsächlichen Wahlergebnis ins Verhältnis gesetzt. Es zeigte sich, dass umso geringer die durchschnittliche Attraktivität des gesamten Wahlkreises war, desto höher der Effekt der Attraktivität des einzelnen Kandidaten. Ein attraktiver Politiker hat somit umso mehr Chancen auf einen Wahlerfolg, je unattraktiver seine Wahlkollegen sind. Dies spricht für das Bestehen des Attractiveness Frog Pond Effect.

Beauty Penalty

Die Beauty Penalty geht in die gleiche Richtung wie der Attractiveness Frog Pond Effect, aber bezieht sich auf die Beurteilung einer Situation. Wird die physische Attraktivität durch ein vorsätzliches Handeln ausgenutzt, um einen Wettbewerbsvorteil zu erzielen, kann dies zu einer negativen Wirkung führen (Rosar et al., 2014, S. 189). Diesen Effekt stellten Wilson und Eckel (2006, o.S.) in einem zweiten Schritt ihrer Studie fest. Sie führen dies darauf zurück, dass die Probanden erhöhte Erwartungen an die attraktiven Menschen setzten und diese enttäuscht wurden. Aufgrund dieser Enttäuschung wurde eine Schönheitsbestrafung ausgelöst. Es könnte vermutet werden, dass die Beauty Penalty im Widerspruch mit dem Attractiveness Glamour Effect steht. Die Beauty Penalty kann dahingehend erklärt werden, dass ein Attractiveness Glamour Effect bestehen kann, wird jedoch der Bogen durch die attraktive Person überspannt, kann dieser positive Effekt sich in eine Beauty Penalty verändern (Rosar et al., 2014, S. 190).

Beauty Is Beastly Effect

Der letzte moderierende Effekt ist der Beauty Is Beastly Effect, welcher eine diffizile Kombination von Attraktivität, dem Geschlecht sowie von Handlungen darstellt. Basis ist der Attractiveness Stereotype und die Tatsache, dass einer attraktiven Person nicht nur positive Eigenschaften, sondern vermehrt geschlechtsspezifische Eigenschaften zugeschrieben werden (Heilman & Saruwatari, 1979, S. 370). Dies kann sich besonders in der Berufswelt negativ auswirken. Insbesondere bei attraktiven Frauen und im Kontext von Führungspositionen oder männerdominierenden Positionen/Berufen ist dieses Phänomen zu verzeichnen. Der Effekt kann dazu führen, dass ihnen vermehrt geschlechtstypische Stereotype zugeteilt werden und sie aufgrund dessen in ihrer Leistung und Kompetenz für nicht geeignet beurteilt werden (Friedman & Zebrowitz, 1992, S. 436). Dies bestätigt die Studie von Heilman und Saruwatari (1979, o.S.), die die Auswirkungen von Attraktivität auf die Karriere in Bezug auf das Geschlecht überprüften. Den Probanden wurden Bewerbungsunterlagen von verschiedenen Personen vorgestellt. Im Anschluss mussten sie in einem Fragebogen die Qualifikation und Attraktivität der Bewerber beurteilen und die Frage beantworten, ob sie den Bewerber einstellen würden. In der Datenerhebung konnte festgestellt werden, dass nur ein Vorteil für die attraktiven Männer bei Führungspositionen bestand, bei Frauen nur bei nicht-leitenden Stellen. Die Ergebnisse werden darin begründet, dass Führungsstellen mit männlichen Merkmalen assoziiert werden. Den Frauen wurden aufgrund des Aussehens weibliche Adjektive zugeordnet. Sie hatten im Endergebnis Nachteile in Bezug auf die Einstellungspräferenzen sowie auf das Grundgehalt (Heilman & Saruwatari, 1979, S. 370). Eine spätere Studie von Johnson, Podratz, Dipboye und Gibbons (2010, S. 313-314) konnte nur noch einen kleinen Effekt des Beauty Is Beastly Effectes nachweisen. Sie kamen zu dem Ergebnis, dass sich dieser Effekt mit dem Wandel der Frauenemanzipation relativiert. Trotzdem muss hier angeführt werden, dass bei einer aktuellen Betrachtung der Vorstandsebene großer Wirtschaftsunternehmen auffällt, dass Frauen immer noch in der Unterzahl vertreten sind. Laut einer Studie des Deutschen Institut für Wirtschaftsforschung e. V. (DIW-Berlin) waren in 2016 nur 8% Frauen in der Vorstandsebene vertreten (DIW Berlin, 2017, S. 1). Neben verschiedenen anderen Aspekten, die in diesem Fall berücksichtigt werden müssen, kann der Beauty Is Beastly Effect eine Rolle spielen. Frauen, die es in eine obere Führungsposition schaffen, treten in ihren Verhaltensweisen sowie ihrem Aussehen tendenziell männlich auf. Sie werden nicht als attraktiv angesehen. „Das Problem, das meiner Meinung nach Frauen in Führungspositionen haben, ist, dass sie sich zu männlich geben." (Wippermann, 2014, S. 54) oder „Zu spröde. Sie können auch sagen: Männerimitat. Das fängt damit an, dass die klassische Bekleidung einer Karrierefrau der Hosenanzug ist. Grauenhaft. Aber das merken die nicht. Die Imitation durch den Anzug hilft doch nicht weiter. Dann eine relativ strenge Frisur, sehr dezent geschminkt, perfekt, passt immer alles zusammen, kein Thema. Nur, wie gesagt, Sie sehen es auf drei Meilen." (Wippermann, 2014, S. 54) sind die Aussagen von Managern aus der Studie des Bundesministeriums. Demnach kann zusammengefasst werden, dass dieser Effekt neben anderen Faktoren Einfluss nehmen kann.

Aus den verschiedenen Wirkmechanismen wird deutlich, dass attraktive Personen durchaus Vorteile aus ihrer Schönheit ziehen können und damit ihre Lebensqualität steigern können. Trotz dieser positiven Seiten dürfen sie die Vorteile nicht ins Extreme ausreizen, ansonsten kann sich dies auch negativ für sie auswirken. Obwohl sich ihre Attraktivität durch andere attraktive Personen relativieren kann und vermehrt geschlechtsspezifische Merkmale zugeschrieben werden, so überwiegen generell die Vorteile von erhöhter Attraktivität.

3 Personalauswahl

Der Erfolg eines Unternehmens hängt in der Regel vor allem von den Mitarbeitern ab, daher ist die Auswahl von geeigneten Bewerbern von großer Bedeutung. Die Firma hat es zur Aufgabe, den geeigneten Kandidaten aus einer Vielzahl von Bewerbungen zu finden. Der neue Mitarbeiter sollte die Fähigkeit und Motivation besitzen, zum Erfolg des Unternehmens beizutragen und er sollte zum Unternehmen passen. Die drei Faktoren stehen in einem Zusammenhang und wirken sich sowohl auf den Erfolg des Unternehmens als auch auf den Erfolg des Mitarbeiters aus, was in Abbildung 1 dargestellt wird (Lohaus & Habermann, 2013, S. 32).

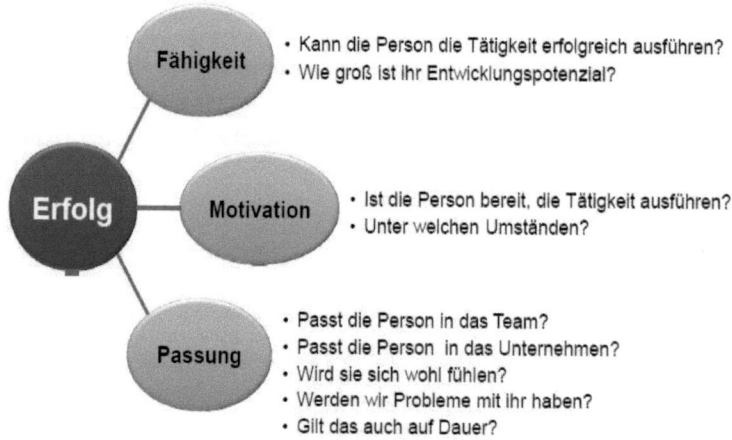

Abbildung 1. Faktoren, die zum Erfolg eines Mitarbeiters in einem Unternehmen beitragen (Lohaus & Habermann, 2013, S. 32).

Es gibt verschiedene Passungen, auf die bei der Besetzung einer Stelle geachtet werden sollte. Diese werden in Abbildung 2 aufgeführt.

Berufstätigkeit	Aspekte der Passung	Person
Tätigkeitsanforderungen	Qualifikatorische Passung	Kenntnisse, Fertigkeiten, Fähigkeiten
Befriedigungspotenziale	Bedürfnisbezogene Passung	Bedürfnisse, Motive, Interessen, Werthaltungen
Laufbahnanforderungen	Potenzialbezogene Passung	Lernfähigkeit, Lernbereitschaft, soziale Kompetenz, Selbstvertrauen

Abbildung 2. Aspekte der Passung zwischen Tätigkeit und Person (Nerdinger, Blickle & Schaper, 2008, S. 246).

Diese verdeutlichen, dass die Person in ihrer Qualifikation zur Tätigkeit passen sollte (*qualifikatorische Passung*), aber die zu besetzende Stelle auch zu der Person passen muss (*bedürfnisbezogene Passung*). Zusätzlich sollte der Bewerber die Fähigkeiten besitzen, die Tätigkeit auch in der Zukunft ausführen zu können und seine Entwicklung sollte vom Unternehmen weiter gefördert werden (*potenzialbezogene Passung*). Finden diese Passungen eine Berücksichtigung bei der Auswahl des Bewerbers, so kann ein langfristiges Arbeitsverhältnis zwischen Bewerber und Organisation bestehen bleiben (Nerdinger et al., 2008, S. 246).

Bei der zu besetzenden Stelle kann zwischen verschiedenen Arten unterschieden werden. Es gibt die freie und die personenbezogene Stellenbesetzung. Bei der freien Stellenbesetzung wird die ausgeschriebene Position in Bezug auf die Tätigkeiten und Aufgaben beschrieben. Beim Auswahlverfahren wird nach einer passenden Person für diese Tätigkeit gesucht. Im Gegenteil dazu steht die personenbezogene Stellenbesetzung, die sich auf eine Person konzentriert, für die eine passende Tätigkeit geschaffen wird (Lohaus & Habermann, 2013, S. 35).

3.1 Auswahlverfahren

Vor jedem Personalauswahlverfahren ist es wichtig, eine Anforderungsanalyse für die zu besetzende Stelle zu erarbeiten. Bei dieser werden die Anforderungen für die Tätigkeit und die übergreifenden Fähigkeiten definiert, die ein Bewerber mitbringen sollte. Viele Unternehmen strukturieren und organisieren ihre Unternehmen und Arbeitsplätze neu, daher ist es wichtig, dass der zukünftige Mitarbeiter eine gewisse Flexibilität mitbringt (Schuler, 2014a, S. 64). Diese drei Anforderungen an den Bewerber werden in Abbildung 3 zusammengefasst.

Anforderungen	Person	
	Eignung	Erfolg
Tätigkeitsbezogen	Fähigkeiten, Fertigkeiten, Kenntnisse	Leistung am Arbeitsplatz
Tätigkeitsübergreifend	Erfolgsrelevante Merkmale, Entwicklungspotenzial	Berufserfolg, Unternehmenserfolg
Befriedigungs- und Motivationspotenzial	Interessen, Bedürfnisse	Leistungs- und Arbeitszufriedenheit, Wohlbefinden, Engagement

Abbildung 3. Vergleich der Anforderungen der Tätigkeit und dem Bewerber (Eigene Darstellung nach Schuler, 2014a, S. 64).

Durch die Anforderungsanalyse können die Bewerbermerkmale mit den Anforderungen an die Tätigkeit abgeglichen und ein besserer Vergleich zwischen den Bewerbern hergestellt werden. Andere Einflüsse wie Stereotypen oder die physische Attraktivität können durch eine Anforderungsanalyse gesenkt werden (Kahlke & Schmidt, 2004, S. 102). Um den geeigneten Kandidaten für die zu besetzende Stelle zu finden, gibt es verschiedene Personalauswahlverfahren mit unterschiedlichen Ansätzen. Dazu gehören der *biografieorientierte Ansatz*, der *eigenschaftsorientierte Ansatz* und der *simulationsorientierte Ansatz* (Berthel & Becker, 2010. S. 263). In dieser Arbeit steht vor allem der biografieorientierte Ansatz im Fokus, da er für die Datenerhebung der Bachelorarbeit relevant ist.

3.1.1 Biografieorientierter Ansatz

Der biografieorientierte Ansatz bezieht sich auf die Vergangenheit des Bewerbers. „Ihr Grundprinzip besteht darin, dass aus vergangenen Verhalten und Verhaltensergebnissen auf künftiges Verhalten und künftige Leistung geschlossen wird." (Schuler, 2014b, S. 257). Zu den wichtigsten Elementen bei diesem Ansatz gehören die Analyse der Bewerbungsunterlagen, die Durchführung von Bewerbungsgesprächen sowie biografische Fragebögen.

Analyse der Bewerbungsunterlagen

Die Bewerbungsunterlagen stellen die erste Kontaktaufnahme mit einem Unternehmen dar und können auch als Eintrittskarte für ein folgendes Bewerbungsgespräch angesehen werden. Die Analyse der Unterlagen ist der erste Schritt zur Auswahl eines Kandidaten, mit ihr wird eine Vorauswahl geeigneter Bewerber zusammengestellt. Mit ihrer Hilfe wird darüber entschieden, ob ein Bewerber die formalen Anforderungen erfüllt. Die Sichtung der Bewerberunterlagen sollte mit großer Sorgfalt durchgeführt werden, um nicht vorschnell Bewerber auszuschließen (Lohaus & Habermann, 2013, S. 97). Es wird hier zwischen dem Fehler erster Art und zweiter Art unterschieden. Beim Fehler erster Art wird ein objektiv geeigneter Bewerber nach der Analyse der Bewerbungsunterlagen als ungeeignet ausgeschlossen. Die Entscheidung, einen ungeeigneten Bewerber als geeignet einzusortieren, wird als Fehler zweiter Art bezeichnet (Weuster, 2012, S. 1). Der Fehler der ersten Art ist insofern kritisch zu betrachten, da es bei einem Bewerbungsverfahren vorkommen kann, dass nur wenige Bewerber in Frage kommen und so die Auswahlmöglichkeiten für das Unternehmen sinken (Kanning, 2016, S. 18). Anders verhält es sich beim Fehler zweiter Art, bei dem der Bewerber zum nächsten Schritt übergeht und eine Einladung zum Vorstellungsgespräch erhält. Sollte dieser Bewerber für die Tätigkeit eingestellt werden und ist er von seinen Qualifikationen her ungeeignet, so wird er sich relativ schnell überfordert bzw. unterfordert fühlen. Die Folge könnte sein, dass er das Unternehmen rasch wieder verlassen wird. Dieser Prozess kann für ein Unternehmen zusätzliche sowie hohe Kosten erzeugen (Weuster, 2012, S. 5-6). Eine Auswahl der besten Kandidaten wird in der Regel von der Personalabteilung getroffen und an die entsprechende Führungskraft weitergeleitet. Diese entscheidet über die Einladung der Kandidaten zum Bewerbungsgespräch (Lohaus & Habermann, 2013, S. 97). Eine Bewerbungsunterlage besteht hauptsächlich aus dem Anschreiben, dem Lebenslauf und einem Foto sowie verschiedener Zeugnisse. Sie sollen einen ersten Gesamteindruck des Bewerbers vermitteln (Schuler, 2002, S. 40).

Das Bewerbungsanschreiben dient dazu, dass der Bewerber dem Unternehmen seine Motivationsgründe anführt und erklärt, warum er für die Tätigkeit geeignet ist. Viele Unternehmen legen hohen Wert auf diese Ausführungen. Aufgrund der vielen Ratgeber im Internet und der Standardisierung der Anschreiben werden Mängel im Anschreiben wie zum Beispiel falsche Rechtschreibung oder Flecken als besonders negativ wahrgenommen (Kanning, 2016, S. 19; 23).

Der Lebenslauf dient als Basis für die Auswahl der Bewerber zum Vorstellungsgespräch. Dieser bündelt alle wichtigen Informationen und gibt Auskunft über Geschlecht, Alter, Herkunft, Zeugnisse, Berufserfahrung und ggf. weiterer Punkte. Die faktenbasierten Daten können einfach analysiert werden, wohingegen deren Interpretation schwieriger ist. Aus den angegebenen Daten kann eine Überinterpretation erfolgen, was sich für den Bewerber eventuell negativ auswirken kann. Die Analyse des Lebenslaufs kann unterschiedlich erfolgen. Sie dient als Basis für das spätere Vorstellungsgespräch. Der Lebenslauf wird zum einen auf formale Daten überprüft:

- Sind alle Angaben zum Bewerber vorhanden und eindeutig formuliert?
- Gibt es Lücken im Lebenslauf?
- Wie viele Wechsel oder Kündigungen gab es?

Darüber hinaus kann der Lebenslauf auf seine inhaltlichen Daten geprüft werden. Bei dieser Analyse wird das Anforderungsprofil der Stelle mit den angegebenen Daten abgeglichen und ermittelt, ob der Kandidat zur ausgeschriebenen Tätigkeit passt. Im Vordergrund steht die Berufserfahrung, die einen Hinweis gibt, welche Vorkenntnisse vorhanden sind (Lohaus & Habermann, 2013, S. 103-105).

Das Bewerbungsfoto gehört für viele Unternehmen zu den Pflichtbestandteilen einer Bewerbung (Stopp, 2006, S. 81). Die Studie von Kanning (2016, S. 23) bestätigt diese Aussage, da 42% der Befragten das Fehlen eines Bewerbungsfotos als negativ beurteilten. Die hohe Relevanz des Fotos kann dadurch erklärt werden, dass daraus auf Eigenschaften des Bewerbers geschlossen werden kann, wie zum Beispiel der Oberflächlichkeit oder auch auf das Lebensniveau (Berthel & Becker, 2010, S. 334). Durch das in 2006 erlassene Allgemeine Gleichbehandlungsgesetz (AGG) ist es jedoch den Unternehmen untersagt, ein Lichtbild anzufordern. Dieses Gesetz wurde zur Minimierung von Diskriminierung und anderen Einflüssen eingeführt. Bewerber sollen nicht aufgrund ihres Alters, ihrer Herkunft oder Attraktivität abgelehnt oder eingeladen werden (Besgen, 2006, S. 9). Bei einem Bewerbungsfoto sollten Merkmale wie die Qualität des Fotos sowie die äußere Erscheinung der Person (Kleidung, Make-up, Haare, usw.) beachtet werden. Ob das Foto in schwarz-weiß oder Farbe beigefügt wird, hat keinen größeren Einfluss und ist dem Bewerber selber überlassen. Bei Stellen mit persönlichen Kundenkontakt stellt das Foto eine wichtige Beurteilungsgrundlage dar. Sie repräsentieren das Unternehmen, daher wird auf das äußerliche Erscheinungsbild viel Wert gelegt (Lohaus & Habermann, 2013, S. 101; Mell, 2014, S. 317; Kanning, 2017, S. 15).

Die Zeugnisse, die einer Bewerbungsunterlage beigefügt werden, werden in Schul- bzw. Ausbildungszeugnisse sowie Arbeitszeugnisse unterschieden. Die Gesetzgebung verpflichtet die Arbeitgeber, die Arbeitszeugnisse wohlwollend zu formulieren, daher verlieren sie in der Praxis an Aussagekraft. Es werden demnach kaum negative Aspekte über den Bewerber zu finden sein. Mit einem geschulten Auge können trotzdem wichtige Auskünfte über den Kandidaten entnommen werden (Schuler, 2014b, S. 266). Aussagekräftiger hingegen ist das Schul- bzw. Ausbildungszeugnis. Sie geben einen Hinweis auf die Intelligenz eines Bewerbers. Rückschlüsse, ob ein Bewerber für die Tätigkeit aus diesem Grund geeignet ist und Erfolg haben wird, liefern sie aber nicht. Ein Hochschulzeugnis muss ebenfalls mit Vorsicht betrachtet werden, da in dem Fall die Fachrichtung ausschlaggebend ist. Die Bewertung der Studienrichtung und des-schwerpunkts kann aber für die Vorauswahl hilfreich sein (Lohaus & Habermann, 2013, S. 107-108).

Durchführung von Bewerbungsgesprächen

Bewerbungsgespräche gehören zu den beliebtesten und am häufigsten eingesetzten Bewerbungsverfahren in Unternehmen. In einem Vorstellungsgespräch können sowohl die Fähigkeiten, Leistungen und Interessen des Bewerbers abgefragt werden, aber auch das gegenseitige Kennenlernen ist in einem Interview möglich (Schuler, 2002, S. 1-2). Das Unternehmen hat über dieses Verfahren die Möglichkeit zu prüfen, ob der Bewerber zur Tätigkeit passt. Für den Bewerber steht an erster Stelle, dass sich die Firma für ihn entscheidet. Darüber hinaus sind beide Seiten bestrebt, dass durch das Bewerbungsgespräch das Interesse an der ausgeschriebenen Stelle oder am jeweiligen Bewerber erhalten bleibt (Lohaus & Habermann, 2013, S. 112-113). Bei Interviews kann durch die Selbstdarstellung des Bewerbers ein Einfluss auf die Personalentscheidung bestehen (Huffcutt, van Iddekinge & Roth, 2011, S. 364). Aus diesem Grund ist die Strukturierung eines Interviews von Vorteil. Ein Interview kann von einem komplett freien bis zu einer vollständig standardisierten Form ablaufen. Ein freies Vorstellungsgespräch ist dadurch gekennzeichnet, dass die Fragen nicht im Vorfeld festgelegt wurden, sondern diese frei während des Gespräches gestellt werden. Bei dieser Form des Interviews können die Fragen individuell auf den Bewerber angepasst werden. Eine Vorbereitung ist somit nicht notwendig. Aus Sicht des Bewerbers wird diese Form präferiert, ist aber aus Unternehmenssicht als kritisch zu betrachten, da der Bewerber nur die Informationen über sich preisgibt, die er bevorzugt und die ihn positiv wirken lässt (Lohaus & Habermann, 2013, S. 115-116). Bei der standardisierten bzw. voll strukturierten Form des Interviews erhalten alle Bewerber im Vorfeld des Gesprächs vorbereitete Fragen. Somit sind drei Arbeitsschritte für ein standardisiertes Interview notwendig: Der erste Schritt ist die Vorbereitung der tätigkeitsbezogenen Fragen aus der Ableitung der Anforderungsanalyse. Die Durchführung des Interviews mit diesen standardisierten Fragen, stellt den zweiten Schritt dar. Als letzter Schritt werden die Antworten strukturiert ausgewertet (Nerdinger et al., 2008, S. 250). Einen Mittelweg dieser zwei extremen Formen des Vorstellungsgesprächs wird über das teilstandardisierte Interview abgedeckt. Dieses wurde von Schuler als multimodales Interview entwickelt, das die Vorteile eines freien und voll standardisierten Interviews kombiniert. Es lässt den Raum, freie Fragen an den Bewerber zu stellen und eine Selbstdarstellung ist möglich. Es werden aber ebenso gezielte biografische und situative Fragen gestellt. Diese situativen Fragen beziehen sich auf tätigkeitsrelevante Aufgaben und Situationen. Die Antworten werden einer vordefinierten Skala zugeordnet und können so besser ausgewertet werden (Schuler, 2002, S. 191-193).

Biografischer Fragebogen

Der biografische Fragebogen ermittelt Daten aus dem bisherigen Leben des Bewerbers. Aufgrund dieser Fakten soll das künftige Verhalten bzw. seine Leistungsfähigkeit vorhergesagt werden. Über eine schriftliche Befragung gibt der Kandidat eine Beschreibung seiner Person ab. Dieser Test kann auch dazu dienen, Lücken im Lebenslauf zu klären (Lohaus & Habermann, 2013, S. 136).

3.1.2 Eigenschaftsorientierter Ansatz

Beim eigenschaftsorientierten Ansatz werden Merkmale einer Person gemessen, wie zum Beispiel die Charaktereigenschaften oder die Intelligenz. Diese sollen in einem Zusammenhang mit dem Berufserfolg stehen. Nerdinger et al. beschreibt den eigenschaftsorientierten Ansatz wie folgt: „Aus dem Abschneiden einer Person bei einem konstruktorientierten Verfahren wird im ersten Schritt auf eine nicht unmittelbar beobachtbare, sondern nur erschlossene, innerhalb der Person stabile und zwischen Personen variierende Eigenschaft geschlossen." (2008, S. 247). Um diese Eigenschaften zu erfassen, werden Persönlichkeits- und Leistungstests eingesetzt. Mit einem Persönlichkeitstest können Merkmale einer Person überprüft werden, die für die auszuübende Tätigkeit notwendig sind, wie zum Beispiel Durchsetzungsfähigkeit oder auch die Motivation. In der Regel wird der Persönlichkeitstest mit einem Fragebogen, entweder schriftlich oder computerbasiert, durchgeführt. In diesem werden Aussagen zu Handlungen, Wahrnehmungen und Grundeinstellungen abgefragt. Die Ergebnisse von Persönlichkeitstests sind allerdings kritisch zu betrachten, da der Bewerber versuchen wird, sich möglichst gut zu bewerten, um den ausgeschriebenen Job zu erhalten. Zudem muss im Vorfeld ein klar definiertes Anforderungsprofil erstellt werden (Lohaus & Habermann, 2013, S. 153-156). Einer der bekanntesten und am häufigsten bei Bewerbungsgesprächen eingesetzten Persönlichkeitstest ist der BIP „Bochumer Inventar zur berufsbezogenen Persönlichkeitsbeschreibung" (Hossiep & Bräutigam, 2006, o.S.). Der Leistungstest erfasst die kognitiven Fähigkeiten einer Person, wie zum Beispiel die Intelligenz. Bei dieser Art von Test wird die Schnelligkeit und die Qualität, mit der eine Aufgabe erledigt wird, geprüft. Bei dem Leistungstest kann unter dem allgemeinen Leistungstest, dem Intelligenztest und dem speziellen Leistungstest unterschieden werden (Krumm & Schmidt-Atzert, 2009, S. 5-7). Die Inhalte der einzelnen Testarten werden in Tabelle 2 dargestellt.

Allgemeiner Leistungstest	Konzentrationsfähigkeit
	Aufmerksamkeit
Intelligenztest	Schlussfolgerndes Denken
	Fluide und kristallisierte Intelligenz
Spezieller Leistungstest	Spezielle Fertigkeiten in Abhängigkeit der Tätigkeit

Tabelle 2 Arten von Leistungstests
Anmerkung. Eigene Darstellung nach Krumm & Schmidt-Atzert, 2009, S. 5-7.

Leistungstests haben den Vorteil, dass die Ergebnisse der Bewerber gut vergleichbar sind und eine Manipulation durch den Bewerber kaum möglich ist (Lohaus & Habermann, 2013, S. 144).

3.1.3 Simulationsorientierter Ansatz

Das situationsabhängige Verhalten eines Kandidaten kann über den simulationsorientierten Ansatz erfasst werden. Der Bewerber erhält im Bewerbungsgespräch Situationen und Aufgaben der zukünftigen Tätigkeit, die er erfolgreich durchführen muss. Durch dieses Verfahren kann die Leistungsfähigkeit überprüft werden. Zum simulationsorientierten Ansatz gehören das Assessment Center, der Situationsbeurteilungstest, die Rollenspiele sowie die Arbeitsproben (Kanning & Schuler, 2014, S. 215). Bei einem Assessment Center muss ein Bewerber mehrere Aufgaben und Situationen, wie zum Beispiel Leistungstests und Rollenspiele durchlaufen und wird dabei von verschiedenen Personen beurteilt. Dieses Verfahren hat den Vorteil, dass das Verhalten sowie die Leistungsfähigkeit des Kandidaten bewertet werden kann, sie gehören aber zu den kostenintensivsten Programmen (Kanning, Pöttker

& Gelléri, 2007, S. 156). Beim Situationsbeurteilungstest, der auch Situational Judgement Test (SJT) genannt wird, beurteilen die Bewerber eine Situation aus dem Arbeitsleben. Die Reaktionen der Bewerber werden aufgenommen und mit einer vordefinierten Reaktionsskala abgeglichen. Der SJT kann auch mit einem Persönlichkeits- oder Leistungstest verglichen werden. Erfolgt die Beurteilung nach dem Kriterium, wer die effektivste Lösung für ein Problem anbietet, kann eher von einem Leistungstest gesprochen werden. Soll der Bewerber die Wahrscheinlichkeit eines Verhaltens angeben, mit der er das Problem lösen würde, liegt das Augenmerk auf der Persönlichkeit und orientiert sich an einem Persönlichkeitstest (McDaniel, Hartmann, Whetzel & Grubb, 2007, S. 64). Die Rollenspiele sind nachgestellte Situationen aus dem Berufsalltag. Der Bewerber erhält die Ausgangssituation, in die er sich einlesen darf und überlegt sich eine Vorgehensweise. Die Situation sollte realitätsnah sein und detailliert beschrieben werden. Vorgaben zum Verhalten sollten nicht gemacht werden, da der Bewerber sich selber darstellen soll. Die Beurteilung des Rollenspiels erfolgt über die Bewertung des Verhaltens in der Situation (Lohaus & Habermann, 2013, S. 209-210). Bei der Arbeitsprobe wird dem Bewerber eine Tätigkeit der zu besetzenden Stelle zur Bearbeitung gegeben. Dadurch kann beobachtet werden, wie die Erledigung dieser Aufgabe erfolgt. Umso realitätsnäher die Aufgabe gestellt wird, umso valider ist die Bewertung des Ergebnisses (Kanning & Schuler, 2014, S. 218). Die Arbeitsproben gehören zu den besten Verfahren, haben aber den Nachteil, dass sie extrem arbeitsaufwendig sind (Nerdinger et al., 2008, S. 249).

3.2 Auswahlentscheidung

Nach Auswahl und Durchführung des richtigen Personalauswahlverfahrens muss eine Entscheidung für einen Bewerber getroffen werden. Durch die Analyse der qualitativen Daten liegen den Personalentscheidern und Führungskräften viele Informationen zu den Bewerbern vor. Ein Urteil, welcher Bewerber ausgewählt wird, kann entlang unterschiedlicher Kriterien erfolgen. Nach Kleebaur (2007) sind dies:

1. Eine rational-analytische, formalisierte Entscheidungsfindung, die sich an den Prämissen einer wissenschaftlichen Personalauswahl orientiert
2. Eine aufgrund subjektiver und erfahrungsbasiert-intuitiver Eindrücke basierende Entscheidung
3. Eine Entscheidung, die aus der Verschränkung beider personaldiagnostischer Beurteilungsmodi generiert wird (S. 130).

Bei den Bewerbern, die für die Stelle in Frage kommen, werden die Vorteile und Nachteile diskutiert und es sollte eine rationale Entscheidung getroffen werden. Das Urteil über eine Stellenbesetzung erfolgt aber oftmals nicht nur faktenbasiert, sondern nach einem Bauchgefühl oder der Intuition. Insbesondere, wenn die Qualifikationen der Bewerber ähnlich sind und diese im Vorstellungsgespräch überzeugen konnten, kann es den Personalentscheidern und Führungskräften schwerfallen eine rationale Bewerberentscheidung zu treffen. In diesem Fall kann die physische Attraktivität oder Sympathie eine Rolle spielen und der Halo-Effekt zum Tragen kommen (Jordan, Külpp & Bruckschen, 2013, S. 143-144).

4 Physische Attraktivität als Einflussfaktor auf die Personalauswahl

Die verschiedenen Analyseverfahren zeigen, dass die Fähigkeiten eines Bewerbers auf vielfältige Art und Weise erfasst werden können. Ein Punkt, der bei der Personalauswahl ebenfalls berücksichtigt werden sollte, ist die physische Attraktivität. Durch die Attraktivität kann der Halo-Effekt ausgelöst werden. Bei diesem Effekt werden alle anderen Leistungsmerkmale des Bewerbers durch die Attraktivität überstrahlt und somit steigen die Einstellungschancen. Dieser Vorgang läuft unbewusst ab und kann demnach von den Führungskräften oder der Personalabteilung schlecht gesteuert werden. Kaum ein Personalentscheider würde freiwillig eingestehen, nur aufgrund des Aussehens oder der Attraktivität einen Kandidaten eingestellt zu haben oder ihm deshalb höhere Leistungsfähigkeiten zugeschrieben zu haben. Aus diesem Grund wäre es ratsam, auf das Bewerbungsfoto zu verzichten oder diesem nicht allzu viel Gewicht zu verleihen (Kanning, 2012, S. 14). Der Gesetzgeber möchte diesem Phänomen ebenfalls entgegenwirken und hat dies im AGG zum Ausdruck gebracht. In Amerika ist es bereits Standard, dass weder ein Foto beigelegt wird noch Angaben zu Alter, Herkunft, Religion oder Familienstand gemacht werden. Die Bewerbungen mit Foto werden sogar aussortiert, da die Unternehmen Angst vor Klagen aufgrund von Diskriminierung haben. Für Deutschland stellt die anonyme Bewerbung bisher keine Option dar. Die Arbeitgeber möchten gerne persönliche Angaben zum Bewerber erhalten sowie ein Foto, um sich einen ersten Eindruck des Bewerbers zu verschaffen (Stehr, 2009, o.S.; Heyer, Koch & Kuhr, 2011, o.S.; Kramer, 2017, o.S.).

Es gibt bereits einige Studien, die sich mit dem Einfluss der physischen Attraktivität auf die Vorauswahl der Bewerber oder mit bestimmten Bewerbermerkmalen beschäftigen. Die einzige Studie, die sich in Richtung physischer Attraktivität auf die Bewerberauswahl in Deutschland befasst, stammt von Schuler und Berger (1979, o.S.). In ihrer Erhebung wurden Führungskräften sowie Personalentscheidern Bewerbungsunterlagen zugewiesen. Bei den Bewerbungen waren beide Geschlechter vertreten, die Fotos variierten zwischen attraktiv/unattraktiv und die Leistungsmerkmale wurden durch die Studiennote abgedeckt. Ihre Ergebnisse zeigen, dass attraktive Bewerber die besseren Chancen in der Bewerbervorauswahl haben. Einen Geschlechterunterschied konnten sie nicht feststellen. Eine neuere Studie, die die Wirkung der Attraktivität im Bewerbungsprozess untersucht, stammt von Ruffle und Shtudiner aus dem Jahr 2011 (2014, o.S.). Sie versendeten Bewerbungen mit einem Lebenslauf an ausgeschriebene Stellen. Der Lebenslauf enthielt entweder ein attraktives, durchschnittliches oder gar kein Foto. Sie konnten im Gegenteil zu Schuler und Berger (1979, o.S.) einen Geschlechterunterschied in ihren Ergebnissen feststellen. Die attraktiven männlichen Bewerber erzielten einen positiven Effekt, wenn sie ein Foto der Bewerbung beilegten, bei Frauen konnte dieser Effekt nicht beobachtet werden (Ruffle & Shtudiner, 2014, o.S.). In der Studie von Kaplan (1978, S. 203) konnte festgestellt werden, dass attraktive Frauen höhere Einstellungschancen hatten, wenn sie von Männern beurteilt wurden. Ein Grund für diesen Effekt könnte der Neidfaktor sein. Dieser sorgt dafür, dass weibliche Personaler und Führungskräfte in Bezug auf den Bewerbungsprozess attraktive Bewerberinnen schlechter beurteilen (Patzer, 2006, S. 29). Diesen Eifersuchtseffekt stellten auch Dermer und Thiel (1975, o.S.) fest. Bei ihrem Experiment nahmen 40 Studenten teil, davon waren 10 unattraktiv, 20 durchschnittlich attraktiv und 10 attraktiv. Ihnen wurden Fotos präsentiert, denen sie Adjektive zuordnen mussten. In der Datenerhebung konnte der Attractiveness Stereotype bestätigt werden, aber auch ein Eifersuchtseffekt. Die unattraktiven Probanden teilten den attraktiven Personen auch negative Merkmale wie zum Beispiel Arroganz und Eitelkeit zu (Dermer & Thiel, 1975, S. 1169-1170).

Es bestehen auch Studien, die die physische Attraktivität im Verhältnis zu den Leistungsmerkmalen überprüften. Bei der Studie von Watkins und Johnston (2000, o.S.) zeigten die Ergebnisse, dass bei einer hochqualifizierten Bewerbung die Attraktivität keinen Vorteil einbrachte, hingegen bei einer mittelmäßigen Bewerbung einen Faktor darstellte. Dass den tätigkeitsbezogenen Fähigkeiten sowie der Berufserfahrung eine ähnliche Gewichtung wie die Attraktivität zuteilwird, konnte durch die Studie von Chiu und Babcock in 2002 (o.S.) festgestellt werden. Diese empirische Forschung bezieht sich allerdings auf Hong Kong und muss daher für Deutschland kritisch betrachtet werden.

Die angeführten Studien können belegen, dass ein Einfluss der physischen Attraktivität auf die Einstellungschancen besteht. Die Leistung und Qualifikation eines Bewerbers stellen die wichtigsten Entscheidungsmerkmale dar, aber die Wirkung der physischen Attraktivität tritt nicht komplett in den Hintergrund. Insbesondere, wenn die Qualifikationen der Bewerber identisch oder ähnlich sind, kann die Attraktivität einen Vorteil erwirken. Die Studie von Schuler und Berger (1979, o.S.) wird als Basis für die nachfolgende Datenerhebung angesehen. Sie wurde allerdings vor fast 40 Jahren durchgeführt, die Gegebenheiten in Unternehmen und in der Personalwelt haben sich seitdem verändert. Daher soll die nachfolgende Erhebung einen Beitrag zur Aktualität des Themas leisten.

5 Methodisches Vorgehen

Im Folgenden wird die Forschungsmethodik näher erläutert. Diese beschreibt das Vorgehen der vorliegenden wissenschaftlichen Untersuchung, welches das Untersuchungsdesign, die Datenerhebung sowie die Stichprobenbeschreibung umfasst.

5.1 Hypothesen und Fragestellungen

Wie eingangs erläutert, soll mit dieser Studie die Frage untersucht werden, ob die physische Attraktivität eines Individuums in Deutschland einen signifikanten Einfluss auf eine positive Entscheidung in der Personalauswahl nehmen kann. Neben der physischen Attraktivität üben auch die Leistungsmerkmale (Noten, Berufserfahrung) einer Person Einfluss auf die Personalentscheidung aus. Für die Datenerhebung sind der Attractiveness Stereotype, Attractiveness Attention Boost und Attractiveness Treatment Advantage von Bedeutung. Nach diesen Wirkmechanismen würde dem attraktiven Bewerber mehr Aufmerksamkeit geschenkt und würde er den Probanden länger in Erinnerung bleiben. Ihm würde die Tätigkeit eher zugetraut als nicht attraktiven Bewerbern, weil ihm mehr Leistungsfähigkeit und Intelligenz zugeschrieben werden. Zusammenfassend würde der Bewerber aufgrund seiner Attraktivität bevorzugt werden.

In Bezug auf die angeführten Wirkmechanismen können geeignete Hypothesen definiert werden:

> **H1:** Die physische Attraktivität hat einen größeren Einfluss auf die Entscheidung der Personalauswahl als die Leistungsmerkmale (Berufserfahrung, Noten).

> **H2:** Attraktive Bewerber haben bessere Chancen auf eine positive Entscheidung in der Personalauswahl.

Frauen tendieren eher zum Neidfaktor als Männer (Dermer & Thiel, 1975, S. 1173), daher wird der Geschlechterunterschied in Bezug auf die Auswahl von Personal mit der folgenden Hypothese überprüft:

> **H3:** Je höher die physische Attraktivität einer Bewerberin, desto größer ist die Ablehnung durch einen weiblichen Entscheider (Personal/Führungskraft).

5.2 Untersuchungsdesign

Die aufgestellten Hypothesen müssen auf ihre Gültigkeit überprüft werden. Hierfür wurde die physische Attraktivität sowie die Leistungsmerkmale (Berufserfahrung und Noten) als *unabhängige Variable* und die Personalentscheidung als *abhängige Variable* definiert. Als Erhebungsmethode wird eine Vignettenanalyse nach Rossi (1951, o.S.), auch *faktorieller Survey* genannt, durchgeführt. Der Vorteil dieser Durchführungsmethode ist die Verknüpfung der schriftlichen Befragungsmethode mit einem experimentellen Design. Über diese Analyseform können Kurz- bzw. Situationsbeschreibungen von Objekten oder Personen simuliert werden. Die Befragungsteilnehmer erhalten mehrere Vignetten zur Beurteilung vorgelegt. Der Unterschied zu einem klassischen Experiment liegt darin, dass die Teilnehmer sich nur in eine Situation bzw. Simulation hineinversetzen und anschließend eine Bewertung abgeben. Die *Dimensionen* und *Ausprägungen* der Kurzbeschreibungen werden gezielt abgefragt, wobei die Merkmale variieren und systematisch kombiniert werden können (Beck & Opp, 2001, S. 283-284; Auspurg, Hinz & Liebig, 2009, S. 59-62). In der vorliegenden Studie wurden als Dimensionen die Bewerbermerkmale, wie zum Beispiel die Abschlussnote mit den Ausprägungen 1,3 oder 2,0 festgelegt. Die Merkmale und ihre Variationen werden in Kurzlebensläufen dargestellt und von den Teilnehmern beurteilt.

5.3 Datenerhebung

Die Datenerhebung erfolgte auf dem Online-Portal soscisurvey.de als Fragebogen. Diese Online-Plattform wurde aufgrund der Vignettenanalyse gewählt, da eine entsprechende Programmierung für diese Erhebungsform möglich ist. Zudem ist die Befragungswebseite für die Nutzung aus wissenschaftlichen und nicht kommerziellen Zwecken kostenfrei. In einem ersten Schritt musste die Vignettenanalyse mit den entsprechenden Vignettendecks und den verschiedenen Ausprägungen angelegt werden. Insgesamt wurden vier Dimensionen mit jeweils zwei Ausprägungen festgelegt (siehe Anhang A), was ein Design von 2*2*2*2=16 Vignetten pro Teilnehmer ergeben hätte. Um einen Ermüdungseffekt zu vermeiden sowie die Abbruchquote gering zu halten, wurde der Test in zwei Fragebögen mit jeweils acht Vignetten aufgeteilt. Die zwei Fragebögen wurden im Portal so programmiert, dass sie zufällig und gleichmäßig an die Teilnehmer verteilt wurden.

5.3.1 Fragebogenkonstruktion

Die Bewerbervariablen wurden nach den zu untersuchenden Variablen physische Attraktivität, Leistungsmerkmale sowie Geschlecht ausgewählt. Die physische Attraktivität wurde in den einzelnen Vignetten über ein Gesichts-Foto gesteuert. Die Fotos wurden von Gründl aus der Studie Braun et al. (2001, o.S.) zur Verfügung gestellt, welche über ein Attraktivitätsranking bereits als attraktiv oder unattraktiv eingestuft wurden. In seiner Erhebung untersuchte er die Durchschnitts-Hypothese, die Symmetrie-Hypothese sowie die Theorie des sexuellen Dimorphismus des Gesichtes. Die Fotos eignen sich somit für die nachfolgende Datenerhebung, da sie bereits über die Mittelwertvergleiche auf die Attraktivität überprüft wurden. Somit war kein Vortest zur Bewertung der Attraktivität der Bewerbungsfotos notwendig. Für die Auswahl der attraktiven bzw. unattraktiven Gesichter wurden jeweils die Fotos mit den höchsten bzw. niedrigsten Mittelwerten ausgewählt (siehe Anhang B). Die Abbildung 4 zeigt exemplarisch die Auswahl der Fotos für den Fragebogen.

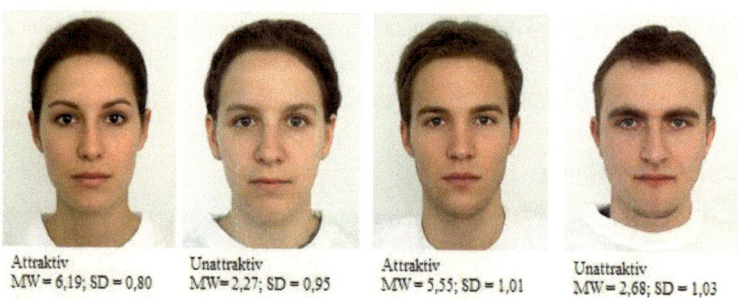

Attraktiv
MW = 6,19; SD = 0,80

Unattraktiv
MW = 2,27; SD = 0,95

Attraktiv
MW = 5,55; SD = 1,01

Unattraktiv
MW = 2,68; SD = 1,03

Abbildung 4. Exemplarische Fotos attraktiver und unattraktiver Bewerber (Eigene Darstellung nach Braun et al., 2001, Anhang E).

Die Leistungsmerkmale werden mit der Note sowie der Berufserfahrung operationalisiert. Diese Merkmale wurden für die Erhebung ausgewählt, weil die Studien-Abschlussnote die aussagekräftigste Leistung in einem Lebenslauf darstellt. Die Berufserfahrung ist ebenfalls ein wichtiges Kriterium in der Analyse der Bewerbungsunterlagen (Kanning, 2016, S. 31). Die Abschlussnote des Studiums wurde mit 2,0 und 1,3 festgelegt. Die Spanne der beiden Noten sollte nicht zu groß sein. Beide Notenabstufungen liegen somit in einem sehr guten bis guten Bereich. Ein weiteres entscheidendes Leistungsmerkmal ist die Berufserfahrung. Sie wurde mit 1 Jahr, einer sehr kurzen Berufserfahrung, und 5 Jahren, einer mittleren Berufserfahrung, operationalisiert. Diese Daten wurden so gewählt, da sie zu der Angabe der Geburtsjahre der Bewerber im Fragebogen von 1982 bis 1992 passen. Des Weiteren ist für die Entscheidung in der Bewerberauswahl nur von Wichtigkeit, ob der Bewerber Berufserfahrung hat oder gar keine Erfahrung aufweist. Eine Berufserfahrung von 10 oder 20 Jahren bringt keinen weiteren Vorteil (Kanning, 2012, S. 11). Auf weitere variierenden Merkmale wurde verzichtet. Der Familienstand als ledig und das abgeschlossene Studium wurden fest vorgegeben. Die Variablen, die von den Teilnehmern abgefragt wurden, wurden nach den Kriterien der Stichprobe ausgewählt. Das Geburtsjahr, das Geschlecht, die Art der Anstellung und der höchste Bildungsabschluss wurden in den Fragebogen aufgenommen. Die letzte Variable zielt auf die Selbstbewertung der Attraktivität der Teilnehmer über eine 7-stufige Likert-Skala (1 = attraktiv bis 7 = unattraktiv) zur Überprüfung eines möglichen Interaktionseffektes ab.

Die Teilnehmer wurden in einem Einleitungstext zur Umfrage begrüßt und der Zweck sowie der Grund der Studie erläutert. Anschließend erfolgte eine Einweisung in die Situation des Bewerbungsverfahrens sowie eine Anleitung der Studie. In einer letzten Übersicht wurde den Teilnehmern die fest vorgegebenen und variierenden Merkmale beschrieben. Im Anschluss daran wurden den Befragten acht Kurzlebensläufe mit einem Bewerbungsfoto, den Berufsjahren und der Abschlussnote präsentiert (siehe Abbildung 5). Unterhalb der Vignette befand sich eine 7-stufige Likert-Skala (1 = würde ich auf jeden Fall einstellen bis 7 = würde ich auf gar keinen Fall einstellen), bei der die Einstellungsentscheidung bewertet werden musste.

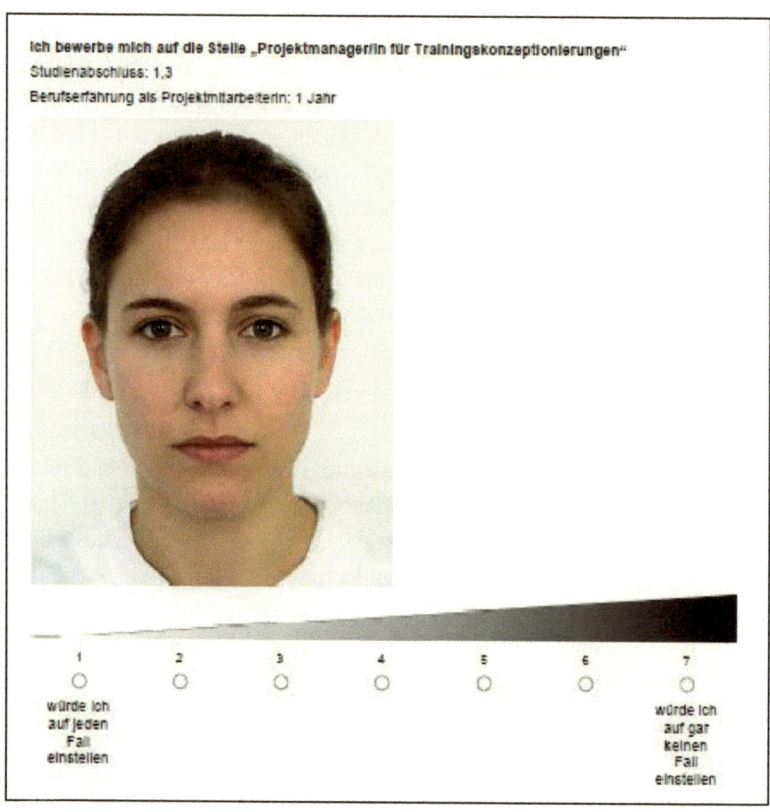

Abbildung 5. Auszug aus dem Fragebogen (Eigene Darstellung).

Zum Abschluss der Befragung wurden die demografischen Daten sowie die Attraktivitätsbewertung der Teilnehmer abgefragt. Den Befragten wurde für die Teilnahme gedankt und der Hinweis auf die Möglichkeit, die Ergebnisse der Studie im Nachgang zu erhalten, gegeben.

5.3.2 Befragungsablauf und Teilnehmerrekrutierung

Der Online-Fragebogen wurde den Teilnehmern vom 17.08.2017 bis zum 13.10.2017 zur Verfügung gestellt. Die Umfrage erfolgte freiwillig, anonym und kostenfrei. Der Link zum Fragebogen https://www.soscisurvey.de/einflusspersonal/ wurde an Freunde, Bekannte, Arbeitskollegen sowie an ein größeres persönliches Netzwerk von Wirtschaftsunternehmen per E-Mail versendet. In dieser E-Mail wurden die Personen gebeten, die Umfrage an weitere Teilnehmer zu verteilen. Um eine noch größere Bandbreite an Befragten zu rekrutieren, wurde ebenfalls ein öffentlicher Post auf Facebook, XING und Instagram eingestellt. Ebenso wurde auf das FOM-Netzwerk von Studenten zurückgegriffen. Die erste Einladungswelle erfolgte im August 2017, aufgrund der geringen Rücklaufquote (n = 16) wurde eine zweite E-Mail-/Post-Aktion im September 2017 gestartet. Die schlechte erste Quote kann auf die Urlaubszeit im Monat August zurückgeführt werden. In der zweiten Einladungsaktion konnten fast wöchentlich Teilnehmer akquiriert werden, was Abbildung 6 entnommen werden kann.

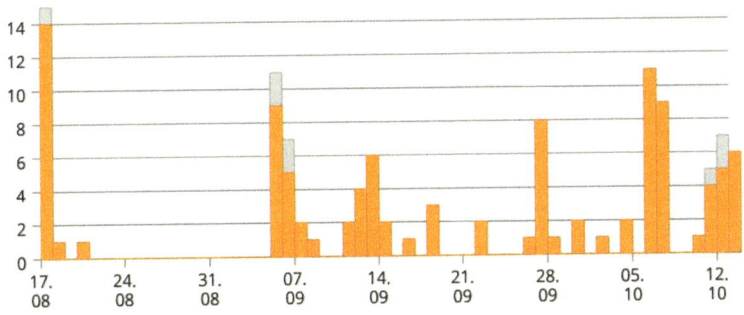

Abbildung 6. Rücklaufquote der Online-Befragung (Eigene Darstellung).

5.3.3 Datenauswertung

Zunächst wurde von der Befragungsplattform die Excel-Datei mit dem gesamten Datensatz heruntergeladen. Anschließend wurde die Datenbereinigung der inkonsistenten Datensätze vorgenommen und das Geburtsjahr in ein Altersformat umformatiert. Die zwei Vignettenanalysen wurden in eine Liste zusammengeführt. Hierfür war es notwendig, dass die einzelnen Datenzeilen jeweils eine Vignette darstellen. Somit liegen für jeden Befragten acht Datenzeilen vor (siehe schematische Darstellung in Abbildung 7).

Vigenette	Karte	Befragter	attraktiv	Note	Berufsjahre	Einstellungsentscheidung	Alter
1	1	1	1	2	5	2	32
1	2	1	1	1,3	1	2	32
1	3	1	2	1,3	5	3	32
1	4	1	2	2	5	1	32
1	5	1	1	2	1	3	32
1	6	1	2	2	1	5	32
1	7	1	1	1,3	5	6	32
1	8	1	2	1,3	1	6	32
1	1	2	1	2	5	2	30
1	2	2	1	1,3	1	1	30

Abbildung 7. Schematische Darstellung des Datensatzes (Eigene Darstellung).

Die statistischen Auswertungen wurden hauptsächlich mit dem Statistik-Programm R vorgenommen. Weiterführende Berechnungen, wie zum Beispiel die Effektstärke, wurden mit Hilfe der Webseite Psychometrica (2017, o.S.) durchgeführt.

5.4 Stichprobe

Die Zielpopulation umfasst berufstätige Männer und Frauen aus Deutschland im Alter zwischen 25 und 65. Die Eingrenzung des Alters wird erklärt durch die Berufserfahrung und Praxis, die bei den Probanden vorhanden sein sollte. Die Teilnehmer sollen sich in einem aktiven Arbeitsverhältnis befinden, daher wird eine Altersobergrenze von 65 festgelegt. Die Erhebung beschränkt sich auf Personaler und Führungskräfte aus Wirtschaftsunternehmen. Beide Gruppen haben in ihrem täglichen Arbeitsleben mit Personalauswahl und -entscheidungen Berührungspunkte. Ihnen ist der Prozess und die Situation des Bewerbungsverfahrens geläufig.

Für den Umfang der Stichprobe wird eine Poweranalyse im Statistik-Programm R durchgeführt. Es wird mit einer Wahrscheinlichkeit von 80% und einem mittleren Korrelationskoeffizienten $r = 0.30$ (für die Zusammenhangshypothese) bzw. mittlere Effektstärke Cohens $d = 0.50$ (für die Unterschiedshypothese) gerechnet. Das Ergebnis der Unterschiedshypothese ergibt eine Anzahl von 51 Befragten und bei der Zusammenhangs-hypothese von 84 Personen. Somit reichen 130 Teilnehmer für die Untersuchung aus.

5.4.1 Stichprobenbeschreibung

Insgesamt haben 401 Personen die Befragung angeklickt und 131 Teilnehmer haben diesen komplett ausgefüllt sowie abgeschlossen. Aufgrund von Inkonsistenzen mussten 30 Teilnehmer ausgeschlossen werden. Diese Inkonsistenzen sind hauptsächlich Personen, die das Feld „Sonstiges" bei den Beschäftigungsangaben auswählten, das Geburtsjahr unter 25 bzw. über 65 Jahren lag oder eine inkorrekte Angabe gemacht haben. Somit ergibt sich ein Datensatz von 101 Teilnehmern. Im Durchschnitt benötigte das Beantworten des Testes 2,5 Minuten. Wie in Kapitel 5.3 erläutert, wurde die Vignettenanalyse mit zwei Fragebögen durchgeführt, die per Zufallsgenerator an die Teilnehmer gleichmäßig verteilt wurden. Aus der realisierten Befragten-Stichprobe haben 50 Personen den ersten und 51 Personen den zweiten Test ausgefüllt. Nachfolgende Tabelle 3 gibt einen Überblick über das Geschlecht und die Anstellungsart der realisierten Stichproben.

	Anzahl	Prozent
Geschlecht		
Frauen	55	54.46
Männer	46	45.54
Anstellungsart		
Personaler	44	43.56
Führungskräfte	57	56.44

Tabelle 3 Demographische Daten der Teilnehmer

Von den 101 Teilnehmern sind 46 Männer und 55 Frauen, was einen Prozentsatz von 46% und 55% bedeutet. Eine ausgewogene Verteilung ist bei der Anstellungsart von 44 Personalern sowie 57 Führungskräften zu erkennen, die 22 Sonstigen wurden ausgeschlossen. Das Alter lag durchschnittlich bei 34.6 Jahren, wobei der jüngste Teilnehmer 25 Jahre und der älteste 54 Jahre alt ist (siehe Abbildung 8).

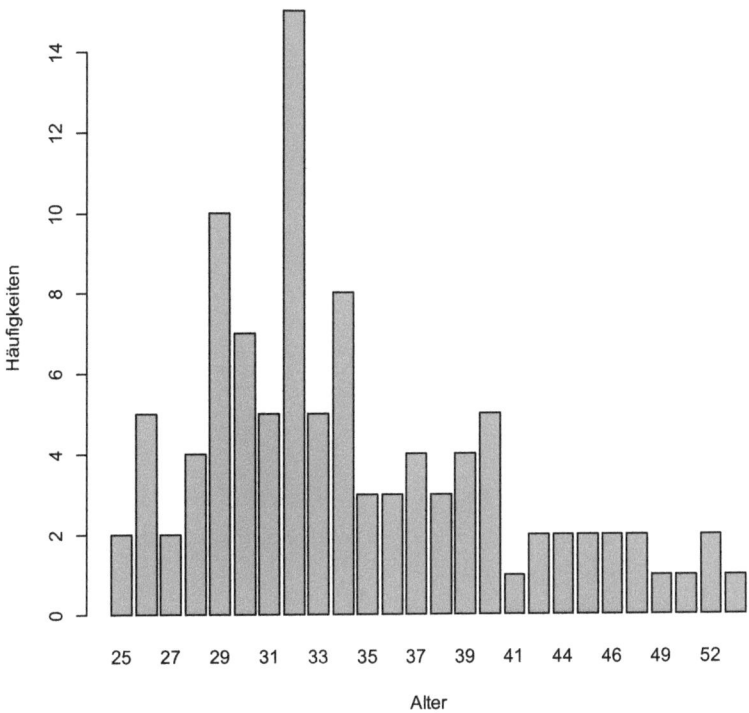

Abbildung 8. Altershäufigkeiten der Teilnehmer (Eigene Darstellung).

Die häufigste Ausprägung beim höchsten Bildungsabschluss ist das Diplom (n = 27), gefolgt vom Bachelor (n = 23). Die Habilitation und die Promotion (n = 1) sind am geringsten, der Hauptabschluss (n = 0) ist gar nicht vertreten. Die Teilnehmer wurden zusätzlich zur ihrer Selbsteinschätzung bezüglich ihrer eigenen Attraktivität befragt. Der Durchschnitt empfindet sich als attraktiv ($M = 2.87$, $SD = 1.15$). Die Geschlechter schätzen sich im Unterschiedsvergleich ähnlich attraktiv ein (weiblicher $M = 2.80$, $SD = 1.15$; männlicher $M = 2.95$, $SD = 1.15$), dieses Ergebnis wird ebenfalls aus dem Boxplott (Abbildung 9) ersichtlich.

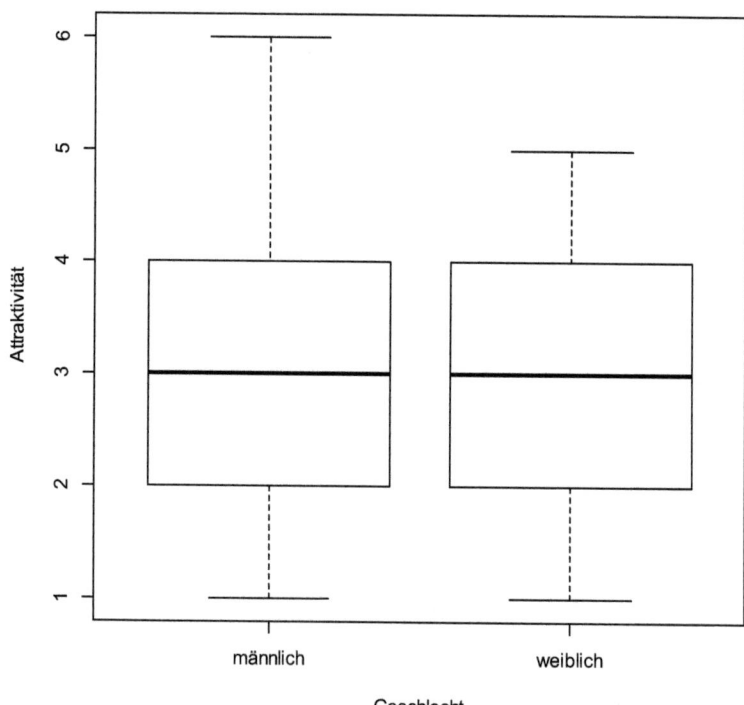

Abbildung 9. Geschlechterunterschied der Selbsteinschätzung der Attraktivität (Eigene Darstellung).

6 Ergebnisse

6.1 Deskriptive Statistik

Für einen ersten Eindruck erfolgt eine deskriptive Betrachtung der Daten. Die unabhängigen Variablen haben mehrere Ausprägungen, die physische Attraktivität mit „attraktiv/unattraktiv" und die Leistungsmerkmale mit „Note (1,3/2,0)/Berufserfahrung (1 Jahr/5 Jahre)". Die abhängige Variable „Einstellungsentscheidung" wurde über die 7-stufige Likert-Skala abgefragt und wird als intervallskaliert bzw. metrisch angenommen. Tabelle 4 gibt einen Überblick über die relevanten Kennzahlen in Bezug auf die Einstellungsentscheidung. Auffällig ist, dass der Mittelwert der unattraktiven Personen bei der Personalentscheidung am höchsten ist ($M = 4.05$, $SD = 1.92$) und der attraktiven am geringsten ($M = 3.01$, $SD = 1.48$). Die restlichen Mittelwerte bewegen sich alle durchschnittlich bei $M = 3.50$. Die Werte werden für die spätere Hypothesenprüfung und der damit verbundenen Varianzanalyse benötigt.

	Personalentscheidung			Normalverteilung	
	M	SD	Med.	W-Wert	p-Wert
Physische Attraktivität	3.01	1.48	3.00	0.86	0.00*
attraktiv	4.05	1.92	4.00	0.92	0.00*
unattraktiv					
Note	3.64	1.75	3.00	0.91	0.00*
1,3	3.42	1.82	3.00	0.90	0.00*
2,0					
Berufserfahrung	3.82	1.75	3.50	0.92	0.00*
1 Jahr	3.23	1.78	3.00	0.88	0.00*
5 Jahre					

Tabelle 4 Deskriptive Datenauswertung
Anmerkung. Signifikante Werte sind gekennzeichnet durch * für $p < 0.05$.

Die Daten werden mittels dem Shapiro-Wilk-Test auf die Normalverteilung überprüft. Der Test führt bei allen Variablen zu einem signifikanten Ergebnis (siehe Tabelle 4), was aus rechnerischer Sicht für nicht normalverteilte Daten spricht. Allerdings ist der Test gegenüber der Größe der Stichprobe sehr sensibel, womit eine Normalverteilung nicht ausgeschlossen werden kann (Field, 2011, S. 793).

6.2 Hypothesenprüfende Statistik

Für die Überprüfung der aufgestellten Hypothesen wird die mehrfaktorielle Varianzanalyse durchgeführt. Mit diesem statistischen Verfahren können die Unterschiede der Mittelwerte mehrerer unabhängiger Variablen getestet sowie der Einfluss auf die abhängige Variable überprüft werden (Lüken & Schimmelpfennig, 2017, S. 51). Für diese Analyseform sind bestimmte Kriterien zu erfüllen. Die abhängige Variable muss intervallskaliert und die unabhängigen Variablen mindestens ordinal- bzw. nominalskaliert sein. Die Daten sollten eine Normalverteilung und Varianzhomogenität vorweisen. Die vorliegenden Daten sind nicht normalverteilt. Dies ist jedoch als unproblematisch zu betrachten, wenn die Gruppe der abhängigen Variable größer als 25 Personen beträgt (Universität Zürich [UZH], 2017, o.S.). Dies ist in der vorliegenden Studie mit einer Anzahl von 101 Teilnehmern je Gruppe gegeben. Die Varianzhomogenität der Variablen ist ein weiteres Kriterium, das für die mehrfaktorielle Varianzanalyse entscheidend ist. Die Homogenität wurde mittels des Levene-Tests geprüft. Der p-Wert ist signifikant ($F(7) = 6.37$, $p = 0.00$). Somit kann davon ausgegangen werden, dass die Varianzen unterschiedlich sind und keine Varianzhomogenität vorliegt. Auch in diesem Fall ist die Verletzung als unproblematisch anzusehen, wenn die Größe der Gruppen gleich groß ist (UZH, 2017, o.S.). Hier beträgt die Gruppengröße der einzelnen Variablen ebenfalls 101. Es kann deshalb von einer geringen Verletzung ausgegangen werden. In der Tabelle 5 werden die Ergebnisse aus der Varianzanalyse, dem Post-hoc Test (korr. p) und den Effektstärken dargestellt. Der Post-hoc Test wird mit der Bonferri-Korrektur durchgeführt, um die Effekte innerhalb der Faktoren zu überprüfen. Die Berechnung der Effektstärke erfolgt nach Thalheimer und Cook (2002, zitiert nach UZH, 2017, o.S.).

	F-Wert	p-Wert	korr. p	η^2	d
Attraktivität	85.23	0.00*	0.00*	0.09	1.31
Berufsjahre	27.83	0.00*	0.00*	0.03	0.75
Noten	3.74	0.05	0.08*	0.00	0.27
Attraktivität/Berufsjahre	5.43	0.02*	-	0.01	0.33
Attraktivität/Note	20.50	0.00*	-	0.03	0.64
Berufsjahre/Note	64.72	0.00*	-	0.07	1.14
Attraktivität/Berufsjahre/Note	1.11	0.29	-	0.00	0.15

Tabelle 5 Auswertung der mehrfaktoriellen Varianzanalyse Anmerkung. Signifikante Werte sind gekennzeichnet durch * für $p < 0.05$.

Die Ergebnisse zeigen, dass die zwei Haupteffekte Attraktivität ($F(1,800) = 85.23$, $p = 0.00$, $\eta^2 = 0.09$) einer Person im Allgemeinen – hier wird noch nicht zwischen attraktiv/unattraktiv unterschieden – sowie die Berufserfahrung ($F(1,800) = 27.83$, $p = 0.00$, $\eta^2 = 0.03$) einen signifikanten Einfluss auf die Einstellungsentscheidung haben. Für den Einfluss der Note ($F(1,800) = 3.74$, $p = 0.05$, $\eta^2 = 0.00$) liegt hingegen kein signifikanter Zusammenhang vor. Dies bedeutet, dass die Bewerber in Abhängigkeit ihrer Attraktivität und Berufserfahrung bessere Chancen auf eine positive Einstellungsentscheidung haben. Zudem liegt eine signifikante Interaktion zwischen der Attraktivität und der Note sowie der Berufsjahre und der Note auf die Personalentscheidung vor. Dies weist darauf hin, dass das Zusammenwirken von Attraktivität bzw. Berufserfahrung mit der Note Auswirkungen auf die Personalentscheidung haben kann. Die Ergebnisse zeigen zudem ein signifikanten starken Effekt bei der Attraktivität ($d = 1.31$) und der Interaktion von Note und Berufserfahrung ($d = 1.14$). Bei attraktiven Personen mit einer Note von 1,3 oder einer Berufserfahrung von 5 Jahren war die Einstellungsentscheidung am positivsten ($M = 2.63$, $SD = 1.23$). Die Bonferri-Korrektur zeigt, dass sich die Ausprägungen in den Faktoren Attraktivität und Berufsjahre signifikant unterscheiden: attraktiv ($M = 3.01$, $SD = 1.48$, $p = 0.00$), unattraktiv ($M = 4.05$, $SD = 1.92$, $p = 0.00$), 1 Jahr ($M = 3.82$, $SD = 1.75$, $p = 0.00$) und 5 Jahre ($M = 3.23$, $SD = 1.78$, $p = 0.00$). Bei der Berufserfahrung liegt ein mittlerer Effekt ($d = 0.75$) und bei der Attraktivität ein starker Effekt ($d = 1.31$) vor. Somit haben attraktive Menschen und Personen mit einer längeren Berufserfahrung die besseren Einstellungschancen (siehe Abbildung 10).

Ergebnisse

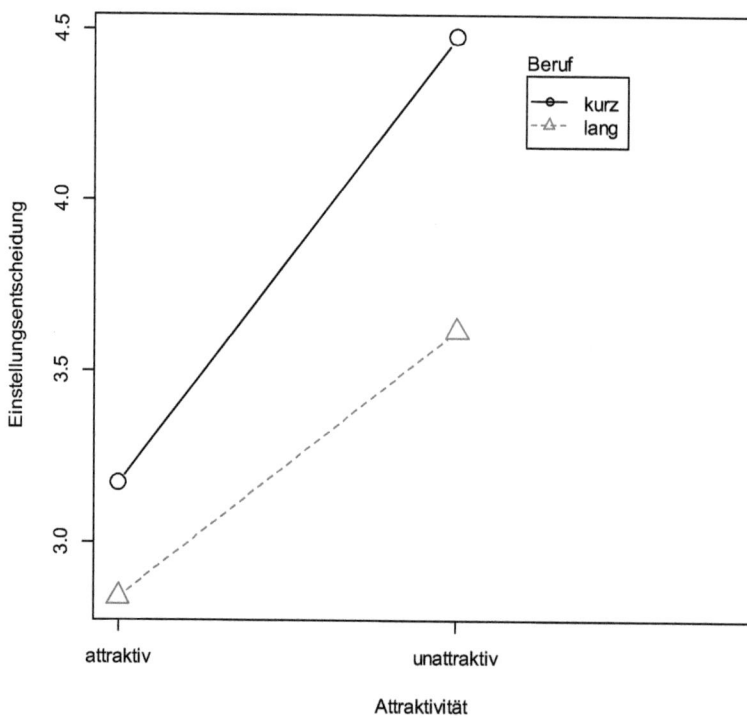

Abbildung 10. Interaktionseffekt Attraktivität und Berufserfahrung auf die Einstellungsentscheidung (Eigene Darstellung).

Aufgrund dieser Ergebnisse können die Hypothesen angenommen werden:

H1: Die physische Attraktivität hat insgesamt einen größeren Einfluss auf die Entscheidung der Personalauswahl als die Leistungsmerkmale (Berufserfahrung, Noten).

H2: Attraktive Bewerber haben bessere Chancen auf eine positive Entscheidung in der Personalauswahl.

Für die dritte Hypothese –

H3: Je höher die physische Attraktivität einer Bewerberin, desto größer ist die Ablehnung durch einen weiblichen Personalentscheider –

wird der Unterschied zwischen Männern und Frauen bei attraktiven Frauen gemessen. Da die Daten keine Normalverteilung aufweisen, wird hierzu der Wilcoxon-Test für unabhängige Stichproben verwendet. Das Ergebnis wird in Tabelle 6 festgehalten.

	M	SD	p-Wert
Männer	2.98	1.40	0.36
Frauen	3.31	1.75	

Tabelle 6 Unterschied zwischen Männern und Frauen in der Einstellungsentscheidung
Anmerkung. Signifikante Werte sind gekennzeichnet durch * für p < 0.05.

Die Ergebnisse des Tests ergeben, dass der Unterschied zwischen Männern und Frauen nicht signifikant ist, da der p-Wert ($p = 0.36$) über dem Signifikanzniveau von 0.05 liegt. Dies bedeutet, dass Frauen attraktive Bewerberinnen nicht in höherem Maße ablehnen als Männer (siehe Abbildung 11). Somit bestätigt sich die Hypothese H3 nicht und muss verworfen werden.

Ergebnisse

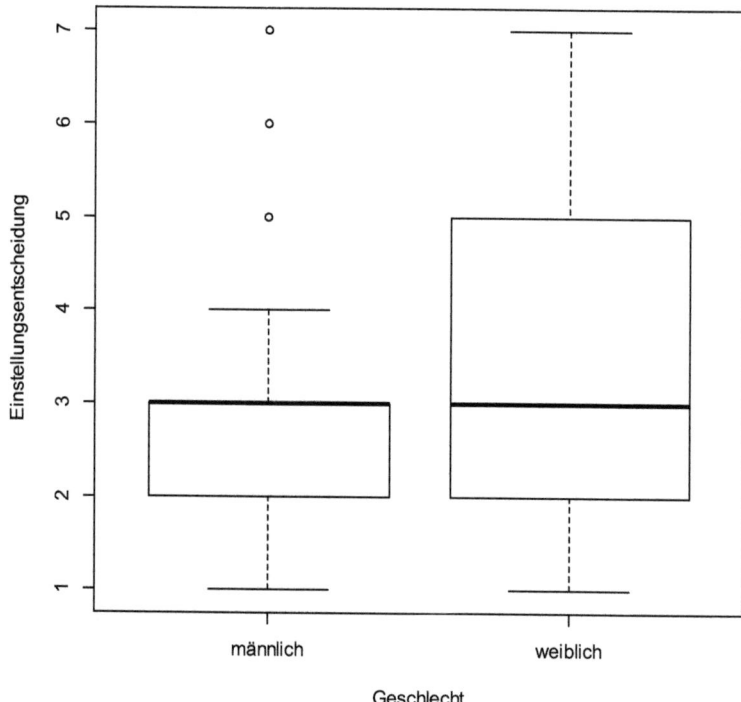

Abbildung 11: Geschlechterunterschied der Einstellungsentscheidung (Eigene Darstellung).

6.3 Weitere Ergebnisse

In der Abfrage der eigenen Attraktivität konnte festgestellt werden, dass die Personen sich als durchschnittlich attraktiv empfinden ($M = 2.87$, $SD = 1.15$). Aus diesem Grund ist interessant, ob die eigene Attraktivität in Zusammenhang mit der Personalentscheidung steht. Für den Zusammenhang wurde die Spearman Rangkorrelation gewählt, da keine normalverteilten Daten vorliegen. Es liegt zwischen der eigenen Bewertung der Attraktivität und der Einstellungsentscheidung ein kleiner Zusammenhang vor, der jedoch nicht signifikant ist ($r = 0.02$, $p = 0.52$). Somit kann nicht davon ausgegangen werden, dass ein direkter Zusammenhang zwischen den Variablen vorliegt. Wird der Unterschied in den einzelnen Bewertungen über die mehrfaktorielle Varianzanalyse getestet, so kann festgestellt werden, dass die eigene Einschätzung der Attraktivität einen signifikanten Einfluss auf die Einstellungsentscheidung hat ($F(5,796) = 3.54$, $p = 0.00$, $\eta^2 = 0.02$).

Umso attraktiver sich die Teilnehmer selber bewerteten, umso eher wurde eine attraktive Person eingestellt (siehe Tabelle 7).

	r	p-Wert	F-Wert	p-Wert	η^2
Selbsteinschätzung	0.02	0.52	3.54	0.00*	0.02

Tabelle 7 Zusammenhang der Selbsteinschätzung auf die Personalauswahl
Anmerkung. Signifikante Werte sind gekennzeichnet durch * für p < 0.05.

Die Abbildung 12 zeigt den Mittelwert-Vergleich zwischen der Selbsteinschätzung und der Einstellungsentscheidung im Geschlechterunterschied. Die weiblichen Entscheider stellten die attraktiven Bewerber eher ein als die unattraktiven. Noch deutlicher ist das Ergebnis bei den Männern. Lag die Selbsteinschätzung bei sehr attraktiv bis durchschnittlich attraktiv (Ausprägung 1 bis 4) so wurden die attraktiven Bewerber ausgewählt (M = 3.00, p = 0.00). Bei den Ausprägungen 5 und 6 wurden die Bewerber aufgrund ihrer Attraktivität nicht eingestellt (M = 4.75, p = 0.00).

Ergebnisse

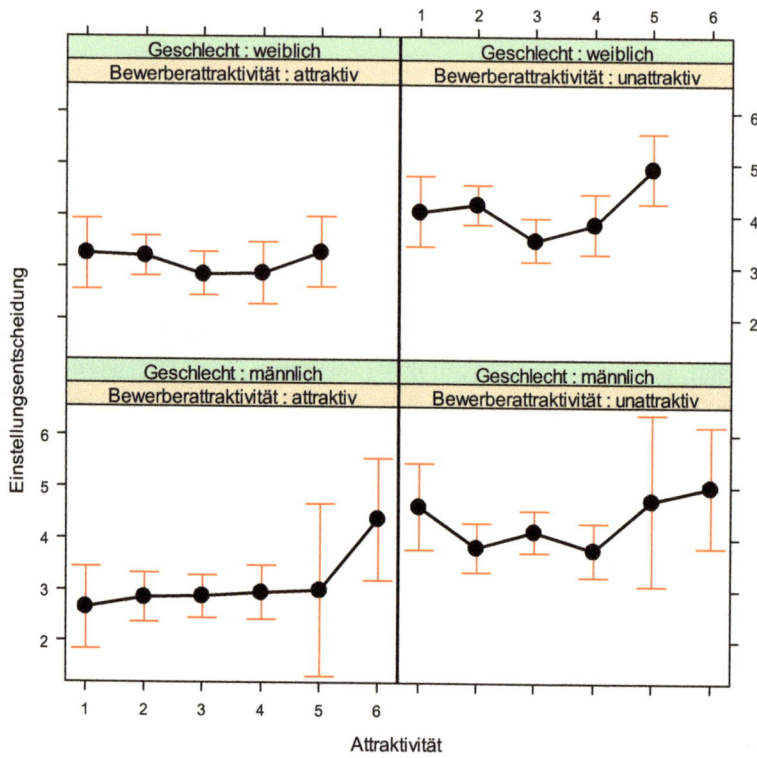

Abbildung 12. Geschlechterunterschied der Selbsteinschätzung auf die Personalauswahl (Eigene Darstellung).

7 Diskussion

Nachfolgend erfolgt eine kritische Auseinandersetzung sowie die Diskussion der vorliegenden Ergebnisse und der Datenerhebung.

7.1 Kritische Auseinandersetzung der Ergebnisse

Ziel der Studie war es, den Einfluss der physischen Attraktivität auf Personalentscheidungen zu untersuchen. Die erste Hypothese, die den Unterschied zwischen den Leistungsmerkmalen und der Attraktivität überprüft, konnte bestätigt werden. Allerdings sind die Ergebnisse kritisch zu betrachten, da die Voraussetzungen für die mehrfaktorielle Varianzanalyse nicht hinreichend gegeben waren. Die abhängige Variable wurde als intervallskaliert bzw. metrisch angenommen, da die Intervalle der Likert-Skala selbst bestimmt wurden. Diese Annahme könnte für die vorliegenden Daten nicht ausreichend gewesen sein und eine Einstufung als ordinalskaliert wäre sinnvoller gewesen. Somit hätte der Kruskal-Wallis-Test für die Auswertung verwendet werden müssen. Des Weiteren lag keine Normalverteilung und Varianzhomogenität vor, was aufgrund der Stichprobengröße als unproblematisch angesehen wurde. Besonders die Varianzhomogenität kann aber zu einer Verzerrung des F-Testes führen.

Die Auswertung der Daten hat ergeben, dass die Attraktivität mit einem signifikanten starken Effekt einen Einfluss auf die Personalentscheidung nehmen kann. Besonders die attraktiven Personen haben im Vergleich zu den unattraktiven Personen ein besseres Ergebnis erzielt. Die Attraktivität wurde allerdings nur nominal über die Bilder mit den Ausprägungen attraktiv/unattraktiv vorgegeben. Eine Bewertung der teilnehmenden Person wurde nicht abgefragt. Somit kann eine Verzerrung vorliegen, da nicht ausgeschlossen werden kann, dass die Teilnehmer die Personen nicht nur aufgrund der Attraktivität eingestellt haben. Ebenso kann nicht überprüft werden, ob die Probanden die Bewerber überhaupt als attraktiv bzw. unattraktiv empfunden haben. Die stärksten signifikanten Effekte liegen bei der Attraktivität und bei den Leistungsmerkmalen. Die Mittelwertvergleiche zeigen auch, dass der Unterschied zwischen Leistung und Attraktivität tendenziell als gering einzuschätzen ist.

Die zweite Hypothese, die den Einfluss von attraktiven Personen auf ihre Einstellungsentscheidung untersuchte, konnte ebenfalls belegt werden. Aus den bereits aufgeführten Punkten muss dieses Ergebnis ebenfalls kritisch betrachtet werden. Da die Attraktivität aber den größten signifikanten Effekt aufweist und in jeder

Auswertung die attraktiven Personen die größten Einstellungschancen haben, kann daraus geschlossen werden, dass die Attraktivität ein Einflussfaktor ist. Damit bestätigt sich auch der Halo-Effekt (Asendorpf, 2009, S. 64), da die Attraktivität alle anderen Leistungsmerkmale überstrahlt. Ob dieser Effekt unbewusst oder bewusst abgelaufen ist, kann mit dieser Studie nicht nachgewiesen werden.

Für beide Hypothesen wurden die in Kapitel 2.3 erläuterten Wirkmechanismen angenommen. Besonders der Attractiveness Treatment Advantage (Wilson & Eckel, 2006, o.S.) wird durch die Datenerhebung bestätigt, da die attraktiven Personen eindeutig eine Bevorzugung erhielten. In diese Personen wird das Vertrauen gelegt, dass sie für die ausgeschriebene Stelle geeignet sind. Ihnen wird die Kompetenz zugeschrieben, die mit der zu besetzenden Stelle verbundenen Aufgaben zu bewältigen. Zudem wird der Attractiveness Stereotype (Dion et al., 1972, o.S.) deutlich, der besagt, dass schönen Menschen bestimmte positive Eigenschaften zugeteilt werden. Aus den Ergebnissen kann geschlossen werden, dass die Personen als leistungsfähig, intelligent und kompetent bewertet wurden. Insbesondere die Studie von Braun et al. (2001, S. 43-44) und damit die Korrelation der Big-Five Persönlichkeitsfaktoren mit der physischen Attraktivität wird hier bestätigt. Egal ob 5 Jahre oder 1 Jahr Berufserfahrung angegeben wurden, die attraktiven Bewerber hatten die besseren Einstellungschancen. In gewisser Weise kann der Attractiveness Glamour Effect (Bassili, 1981, o.S.) ebenfalls angenommen werden, denn auch bei einer Note von 2,0 und einer Berufserfahrung von 1 Jahr wurde den attraktiven Personen der Vortritt gewährt. Diese Variablen waren in der Datenerhebung die schlechtesten Ausprägungen. Hingegen hatten unattraktive Bewerber mit einer Note von 1,3 und 5 Jahren Berufserfahrungen schlechtere Chancen bei der Einstellungsentscheidung. Diese Variablen stellten die beste Ausprägung dar. Daraus kann geschlossen werden, dass bei einem attraktiven Bewerber ein schlechterer Lebenslauf relativiert wird. Der Attractiveness Attention Boost (Maner et al., 2003, o.S.) kann ebenso bestätigt werden. Der Einfluss der Attraktivität konnte bereits gezeigt werden. Davon ausgehend kann angenommen werden, dass die attraktiven Bewerber mehr Aufmerksamkeit erhielten und eher in Erinnerung bei den Probanden blieben. Durch den Erinnerungsspeicher kann ein Vergleich mit den unattraktiven Fotos vorgenommen werden und so eine entsprechende Bewertung entstehen.

Die dritte Hypothese konnte nicht bestätigt werden. Bei dieser Auswertung wurden die nicht normalverteilten Daten berücksichtigt und der Wilcoxon-Test durchgeführt. Das Ergebnis ist aufgrund der Theorie, die besagt, dass Frauen eher zu einem Neidfaktor tendieren und somit die Einstellungschancen sinken, unerwartet.

Die Theorie des Eifersuchtsfaktors (Dermer & Thiel, 1975, o.S.; Patzer, 2006, S. 29) kann nicht bestätigt werden. In diesem Fall kann der Faktor Alter eine Rolle spielen, da mit einer gewissen Berufserfahrung ein Neidfaktor geringer wird und der Bewerber professioneller eingeschätzt wird. Somit liegt der Fokus auf der Person selbst und dessen Qualifikation für die ausgeschriebene Stelle.

Die weiteren Ergebnisse bestätigen, dass die Attraktivität einen Einfluss auf die Personalentscheidung hat, auch wenn kein direkter Zusammenhang zwischen der eigenen Attraktivität und der Einstellungsentscheidung vorliegt. So zeigt Abbildung 12 deutlich, dass die Personen, die sich als attraktiv beurteilen, ebenfalls attraktive Personen einstellen würden. Dieses Ergebnis ist insoweit überraschend, da die Studie von Tennis und Dabbs (1975, S. 516) ergab, dass die eigene Attraktivität als Urteilsanker dienen kann. Frauen, die sich als attraktiv beurteilten, gaben für andere Personen ein niedriges Urteil ab. Bei den Männern verhielt es sich wie in der vorliegenden Datenerhebung. Mit zunehmender Attraktivität wurde eine höhere Beurteilung vergeben. Die Ergebnisse dieser Studie lassen keinen Unterschied zwischen den Geschlechtern feststellen.

7.2 Datenerhebung und Gütekriterien

Die Datenerhebung wurde über den faktoriellen Survey durchgeführt. Diese Erhebungsmethode war für das gewählte Thema ein geeignetes Erhebungsinstrument. Über die Kurzbeschreibungen können die einzelnen Variablen sehr gut abgefragt werden. Ein Bewerberverfahren konnte simuliert werden. Bei einem klassischen Experiment hätten mehrere fiktive Bewerbungsgespräche stattfinden müssen. Die Probanden, die in dem Bewerbungsverfahren eingebunden gewesen wären, hätten auf ihre Attraktivität überprüft werden müssen, was bei verschiedenen Personalern sowie Führungskräften, die eine Bewertung abgeben hätten müssen, nicht einfach darstellbar gewesen wäre. Die Attraktivität auf den Fotos wurde bereits im Vorfeld über die Studie von Braun et al. (2001, o.S.) empirisch überprüft und konnte so ohne Vorabprüfung übernommen werden. Die Vignettenanalyse ist allerdings eine noch nicht ausreichend erforschte Methode und sehr kompliziert im Aufbau sowie in der Konzeption. In dieser Studie konnte die Konzeption vereinfacht werden, da die Anzahl der abzufragenden Variablen gering gehalten wurden. Zudem liefert der faktorielle Survey eine hierarchische Datenstruktur, die über eine Mehrebenenanalyse ausgewertet werden müsste. Diese Datenauswertung wurde in dieser Studie nicht angewendet.

Diskussion

Die Fotos für die Vignettenanalyse wurden von Gründl aus der Studie Beautycheck (Braun et al., 2001, o.S.) zur Verfügung gestellt. Diese Fotos wurden empirisch auf die drei wichtigsten Theorien der Durchschnittlichkeit, der Symmetrie sowie den sexuellen Dimorphismus überprüft. Wie bereits beschrieben, hatte dies den Vorteil, dass keine weitere Abfrage oder ein Vortest bzgl. der Attraktivität der Fotos erfolgen musste. Trotzdem sind diese Fotos für die Studie kritisch zu betrachten. Die Fotos wurden über ein spezielles Computerprogramm gemorpht, um die Durchschnittlichkeits-Hypothese zu bestätigen. Die Gesichter haben dadurch an Struktur verloren. Laut Braun et al. (2001, S. 40) soll dies die Attraktivität erhöhen. In der zitierten Erhebung wurde dies als Kritikpunkt aufgenommen, da es die Ergebnisse verzerren kann. Dies kann allerdings nicht bestätigt werden, da nach Rücksprache einiger Probanden die Aussagen getätigt wurden, dass entweder bei den Bildern „keine attraktiven Personen", „nur attraktive Personen" oder „alle Personen gleich attraktiv" waren. Des Weiteren entsprechen die Fotos keinen normalen Bewerbungsfotos und haben etwas „unnatürliches" aufgrund der makellosen Haut und der Gesichtsform. Die Theorie lässt dem Gesicht (Peters et al., 2007, S. 941) in Bezug auf die Attraktivität eine große Rolle zukommen, daher wäre es bei der Wiederholung einer vergleichbaren Datenerhebung wichtig, die Fotos in einem eigenen Fotoshooting aufzunehmen und über einen Vortest auf die Attraktivität überprüfen zu lassen. Darüber hinaus wurde von den Teilnehmern auch der Körper angesprochen, den sie bei den Bewerbern gerne bis zur Körpermitte gesehen hätten. Das weist darauf hin, dass der Körper ein weiteres wichtiges Merkmal der physischen Attraktivität darstellen kann (Fink et al., 2006, S. 30). Auf einem Bewerbungsfoto ist der Bewerber oftmals bis zum Brustbereich abfotografiert. Dieser Fakt sollte ebenfalls für eine neue Studie aufgenommen werden.

Für die empirische Forschung liegt das oberste Ziel in der Generalisierbarkeit der Ergebnisse. Die Gütekriterien sind die Objektivität, Reliabilität sowie die Validität (Field 2011, S. 11-12). Durch den Einsatz der Online-Befragung kann die Vignettenanalyse als objektiv betrachtet werden, da eine bewusste oder unbewusste Manipulation durch den Befragungsleiter ausgeschlossen werden kann. Wichtig für die Messgenauigkeit der Vignettenanalyse ist, dass die Zufallsverteilung der einzelnen Vignetten in der Stichprobe gleichmäßig erfolgt. Dies war in der Studie erfüllt, da die Fragebögen zwischen 50 und 51 mal beantwortet wurden. Für die Validität des faktoriellen Survey liegen nur wenige Forschungsergebnisse vor. Insbesondere der Lern- und Ermüdungseffekt ist bei dieser Erhebungsform zu beachten. Eine Vielzahl an Vignetten kann zu einem Ermüdungseffekt führen und damit das

Abbruchrisiko fördern (Ausprung et al., 2009, S. 59; 66-68). Die geringe Abbruchquote von acht Teilnehmern spricht dafür, dass in der Datenerhebung kein Ermüdungseffekt vorlag. Dies kann auf die geringe Anzahl von nur acht Vignetten pro Teilnehmer zurückgeführt werden, denn üblich sind bei einer Vignettenanalyse 10 bis 20 (Ausprung et al., 2009, S. 67).

Aufgrund der genannten kritischen Punkte und der daraus resultierenden geringen Aussagekraft ist die Generalisierbarkeit der Ergebnisse aus dieser Datenerhebung nicht anzunehmen.

8 Fazit

Die zentrale Frage dieser Arbeit, ob die physische Attraktivität die Personalauswahl beeinflusst, kann aufgrund der Ergebnisse bestätigt werden. Dass Attraktivität messbar ist, basiert auf verschiedenen Wirkmechanismen. Für die Datenerhebung wurden insbesondere der Attractiveness Stereotype, Attractiveness Attention Boost und der Attractiveness Treatment Advantage angenommen. Bei allen Wirkmechanismen kann festgestellt werden, dass Bewerber einen Vorteil aus ihrer Attraktivität ziehen können. Diese Annahme kann trotz der kritischen Punkte der Studie angenommen werden. Die negativen Effekte, die die Wirkung physischer Attraktivität moderieren können, konnten nicht überprüft werden. Damit eine Person als attraktiv wahrgenommen wird, ist das Gesicht und der Körper von Bedeutung. Wichtig erscheint hierbei aber die Normalität und eine gewisse Durchschnittlichkeit dieser Merkmale.

Den Einfluss der physischen Attraktivität in der Personalauswahl zu kontrollieren erscheint schwierig. Bei zwischenmenschlichen Beziehungen spielt immer ein gewisser Anteil an Subjektivität mit, was auch für einen bestehenden Halo-Effekt spricht. Die einzige Möglichkeit, den Halo-Effekt bei der Vorauswahl zu senken, besteht in der anonymen Bewerbung. Dieses Vorgehen wird bereits in einigen anderen Ländern praktiziert (Heyer, Koch & Kuhr, 2011, o.S.). Somit werden nur leistungsrelevante Angaben vom Bewerber gemacht und der Personalentscheider wird nicht mit Stereotypen und der Attraktivität über das Bewerbungsfoto konfrontiert. Er kann sich auf die wesentlichen Punkte konzentrieren und den Bewerber sachlich anhand der Anforderungsanalyse auswählen. Ebenso ist eine klare und eindeutige Definition der tätigkeitsbezogenen und -übergreifenden Merkmale über die Anforderungsanalyse wichtig. Um die Auswirkungen der anonymen Bewerbung zu testen, sollte eine Studie basierend auf der von Ruffle und Shtudiner (2014, o.S.) durchgeführt werden. Pilotprojekte der anonymen Bewerbung werden bereits seit 2010 in einigen deutschen Unternehmen praktiziert (Absolventa, 2017, o.S.). Die Ergebnisse einer Studie könnten einen Beitrag leisten, ob für Deutschland das Modell einer anonymen Bewerbung Sinn ergeben würde. Hinsichtlich der Personalentscheidung bei einem Bewerbungsgespräch, ist es sinnvoll den Bewerber nicht nur von einer Person beurteilen zu lassen. Mehrere Personen bringen auch verschiedene Urteile mit ein. Alle diese Überlegungen können eine Hilfe darstellen um die Wirkung und den Einfluss der physischen Attraktivität senken. Ausschließen kann man diesen Faktor dadurch aber nicht. Auch wenn die Theorien und verschiedenen Studien belegen, dass physische Attraktivität messbar und damit objektiv zu betrachten ist, gibt es doch Geschmacksunterschiede zwischen den verschiedenen Personen. Bestimmte Merkmale und Eigenschaften an Personen können definiert werden, die in der Bevölkerung allgemein und auch kulturübergreifend als schön definiert werden. Wie sonst erklärt sich das Phänomen der Models, die von vielen Personen aus verschiedenen Ländern als attraktiv und anziehend empfunden werden. Aber auch bei den Top-Models wird die Schönheit und das Schönheitsempfinden diskutiert. Dies geschieht aus dem Grund, dass die Menschen durch ihre Erfahrungen aus und durch ihre Umwelt geprägt werden. Sie haben verschiedene Wahrnehmungen und Einstellungen, die ebenfalls einen Einfluss auf Entscheidungen nehmen können. Aus diesem Grund ist Attraktivität in gewisser Weise doch subjektiv.

Literaturverzeichnis

Absolventa (2017). Pro Anonymisierte Bewerbung – Das Pilotprojekt des ADS. Absolventa. URL: https://www.absolventa.de/karriereguide/tipps/anonymisierte-bewerbung-pilotprojekt (Abruf am 12.11.2017).

Asendorpf, J. B. (2009). Persönlichkeitspsychologie – für Bachelor. Berlin: Springer.

Auspurg, K., Hinz, T. & Liebig, S. (2009). Komplexität von Vignetten, Lerneffekte und Plausibilität im Faktoriellen Survey. Methoden – Daten – Analysen, 3(1), 59–96.

Bassili, J. N. (1981). The attractiveness stereotype: Goodness or glamour? Basic and Applied Social Psychology, 2(4), 235–252.

Beck, M. & Opp, K. D. (2001). Der faktorielle Survey und die Messung von Normen. KZfSS Kölner Zeitschrift für Soziologie und Sozialpsychologie, 53(2), 283–306.

Bedge, E. (2009). Starke Frauen, starke Sprüche: 888 prägnante Weisheiten von und für Frauen. Geistreiche und kuriose Aussprüche prominenter Persönlichkeiten. Hannover: Humboldt.

Berthel, J. & Becker, F. G. (2010). Personal-Management. Grundzüge für Konzeptionen betrieblicher Personalarbeit (9. vollst. überarb. Aufl.). Stuttgart: Schäffer-Poeschel.

Besgen, N. (2006). Diskriminierungsschutz im Arbeitsrecht: Das Allgemeine Gleichbehandlungsgesetz (AGG). Zeitschrift für Beruf und Personal, 8, 1–12.

Bozoyan, C. & Wolbring, T. (2013). Körpermerkmale und Lohnbildung. In N. Braun, M. Keuschnigg & T. Wolbring (Hrsg.), Wirtschaftssoziologie II: Anwendungen (2. Aufl.) (S. 227–254). München: Oldenbourg.

Braun, C., Gründl, M., Marberger, C. & Scherber, C. (2001). Beautycheck. Ursachen und Folgen von Attraktivität. Regensburg: Universität Regensburg.

Buss, D. M. & Schmitt, D. P. (1993). Sexual strategies theory: an evolutionary perspective on human mating. Psychological Review, 100(2), 204–232.

Chiu, R. K. & Babcock, R. D. (2002). The relative importance of facial attractiveness and gender in Hong Kong selection decisions. The International Journal of Human Resource Management, 13(1), 141–155.

Cyrus, K. (2010). Hochattraktiv oder nur nicht unattraktiv: Was zählt bei der Partnerwahl? Vermeidung von Unattraktivität - ein negatives Attraktivitätskonzept? Dissertation, Bergische Universität Wuppertal. URL: http://nbn-resolving.de/urn:nbn:de:hbz:468-20100301 (Abruf am 09.11.2017).

Darwin, C. (1874). The Descent of Man, and Selection in Relation to Sex. New York: Merrill and Baker Publishers.

Degele, N. (2004). Sich schön machen. Zur Soziologie von Geschlecht und Schönheitshandeln. Wiesbaden: VS Verlag für Sozialwissenschaften.

Dermer, M. & Thiel, D. L. (1975). When beauty may fail. Journal of Personality and Social Psychology, 31(6), 1168–1176.

Dion, K., Berscheid, E. & Walster, E. (1972). What is beautiful is good. Journal of Personality and Social Psychology, 24(3), 285–290.

Dion, K. K. & Berscheid, K. (1974). Physical Attractiveness and Peer Perception Among Children. Sociometry, 37(1), 1–12.

DIW Berlin – Deutsches Institut für Wirtschaftsforschung e. V. (2017). DIW Managerinnen-Barometer 2017: Geschlechterquote zeigt erste Wirkung in Aufsichtsräten, Vorstände bleiben Männerdomänen. URL: https://www.diw.de/documents/dokumentenarchiv/17/diw_01.c.550263.de/20170111_pm_managerinnen-barometer.pdf (Abruf am 09.11.2017).

Dunkake, I., Kiechle, T., Klein, M. & Rosar, U. (2012). Schöne Schüler, schöne Noten? Eine empirische Untersuchung zum Einfluss der physischen Attraktivität von Schülern auf die Notenvergabe durch das Lehrpersonal. Zeitschrift für Soziologie, 41(2), 142–161.

Field, A. (2011). Discovering Statistics Using SPSS. Los Angeles: Sage.

Fink, B., Grammer, K. & Kappeler, B. (2006). Zum Verlieben schön. Spektrum der Wissenschaft, 11, 28–35.

Friedman, H. & Zebrowitz, L. A. (1992). The Contribution of Typical Sex Differences in Facial Maturity to Sex Role Stereotypes. Personality and Social Psychology Bulletin, 18(4), 430–438.

Furnham, A., Tan, T. & McManus, C. (1997). Waist-to-hip ratio and preferences for body shape: A replication and extension. Personality and Individual Differences, 22(4), 539–549.

Gallup, G. G. & Frederick, D. A. (2010). The science of sex appeal: An evolutionary perspective. Review of General Psychology, 14(3), 240–250.

Galton, F. (1878). Composite Portraits. The Journal of the Anthropological Institute of Great Britain and Ireland, 3, 132–144.

Gangestad, S. W. & Thornhill, R. (1997). The evolutionary psychology of extra-pair sex: The role of fluctuating asymmetry. Evolution and Human Behavior, 18(2), 69–88.

Gründl, M. (2011). Determinanten physischer Attraktivität – der Einfluss von Durchschnittlichkeit, Symmetrie und sexuellem Dimorphismus auf die Attraktivität von Gesichtern. Habilitationsschrift, Universität Regensburg.

Hassebrauck, M. (1993). Die Beurteilung der physischen Attraktivität. In M. Hassebrauck & R. Niketta (Hrsg.), Physische Attraktivität (S. 29 –59). Göttingen: Hogrefe.

Heilman, M. E. & Saruwatari, L. R. (1979). When beauty is beastly: The effects of appearance and sex on evaluations of job applicants for managerial and nonmanagerial jobs. Organizational Behavior and Human Performance, 23(3), 360–372.

Henss, R. (2000). Waist-to-hip ratio and female attractiveness. Evidence from photographic stimuli and methodological considerations. Personality and Individual Differences, 28(3), 501–513.

Heyer, J. A., Koch, M. & Kuhr, D. (2011). Name, Alter, Geschlecht? Nicht nötig. Süddeutsche Zeitung. URL: http://www.sueddeutsche.de/karriere/anonymer-lebenslauf-name-alter-geschlecht-nicht-noetig-1.138291 (Abruf am 09.11.2017).

Hönekopp, J., Bartholomé, T. & Jansen, G. (2004). Facial attractiveness, symmetry, and physical fitness in young women. Human Nature, 15(2), 147–167.

Hossiep, R. & Bräutigam, S. (2006). Personalauswahl und -entwicklung mit dem Bochumer Inventar zur berufsbezogenen Persönlichkeitsbeschreibung (BIP). In W. Simon (Hrsg.), Persönlichkeitsmodelle und Persönlichkeitstests: 15 Persönlichkeitsmodelle für Personalauswahl, Persönlichkeitsentwicklung, Training und Coaching (S. 136–158). Offenbach: GABAL.

Huffcutt, A. I., van Iddekinge, C. H. & Roth, P. L. (2011). Understanding applicant behavior in employment interviews: A theoretical model of interviewee performance. Human Resource Management Review, 21(4), 357–367.

Johnson, S. K., Podratz, K. E., Dipboye, R. L. & Gibbons, E. (2010). Physical attractiveness biases in ratings of employment suitability: Tracking down the "beauty is beastly" effect. The Journal of social psychology, 150(3), 301–318.

Jordan, U., Külpp, B. & Bruckschen, I. (2013). Das erfolgreiche Einstellungs-Interview. Potenziale für morgen sicher erkennen und gewinnen (2. Aufl.). Wiesbaden: Springer Gabler.

Kahlke, E. & Schmidt, V. (2004). Handbuch Personalauswahl. Heidelberg: Economica.

Kanning, U. P. (2012). Personalauswahl – Mythen, Fakten, Perspektiven. In M. T. Thielsch & T. Brandenburg (Hrsg.) Praxis der Wirtschaftspsychologie II: Themen und Fallbeispiele für Studium und Praxis (S. 9–25). Münster: MV Wissenschaft.

Kanning, U. P. (2016). Über die Sichtung von Bewerbungsunterlagen in der Praxis der Personalauswahl. Zeitschrift für Arbeits- und Organisationspsychologie A&O, 60(1), 18–32.

Kanning, U. P. (2017). Strategisches Verhalten in der Personalauswahl. Zeitschrift für Arbeits- und Organisationspsychologie A&O, 61(1), 3–17.

Kanning, U. P., Pöttker, J. & Gelléri, P. (2007). Assessment Center-Praxis in deutschen Großunternehmen: Ein Vergleich zwischen wissenschaftlichem Anspruch und Realität. Zeitschrift für Arbeits-und Organisationspsychologie A&O, 51(4), 155–167.

Kanning, U. P. & Schuler, H. (2014). Simulationsorientierte Verfahren der Personalauswahl. In H. Schuler & U. P. Kanning (Hrsg.), Lehrbuch der Personalpsychologie (3. überarb. erw. Aufl.) (S. 215–256). Göttingen: Hogrefe.

Kaplan, R. M. (1978). Is beauty talent? Sex interaction in the attractiveness halo effect. Sex Roles, 4(2), 195–204.

Kleebaur, C. (2007). Personalauswahl zwischen Anspruch und Wirklichkeit. Wissenschaftliche Personaldiagnostik vs. Erfahrungsbasiert-intuitive Urteilsfindung. München: Hampp.

Kramer, B. (2017). Es ist nicht egal, wie Sie aussehen. Zeit Online. URL: http://www.zeit.de/arbeit/2017-09/anonyme-bewerbung-unternehmen-diversity-gleichberechtigung (Abruf am 12.11.2017).

Kościński, K. (2013). Attractiveness of women's body: body mass index, waist-hip ratio, and their relative importance. Behavioral Ecology, 24(4), 914–925.

Krumm, S. & Schmidt-Atzert, L. (2009). Leistungstests im Personalmanagement. Göttingen: Hogrefe.

Langlois, J. H., Ritter, J. M., Roggman, L. A. & Vaughn, L. S. (1991). Facial diversity and infant preferences for attractive faces. Developmental Psychology, 27(1), 79–84.

Langlois, J. H. & Roggman, L. A. (1990). Attractive faces are only average. Psychological science, 1(2), 115–121.

Little, A. C. & Jones, B. C. (2003). Evidence against perceptual bias views for symmetry preferences in human faces. Proceedings of the Royal Society of London B: Biological Sciences, 270(1526), 1759–1763.

Lohaus, D. & Habermann, W. (2013). Personalauswahl im Mittelstand: Nicht die Besten sind die Besten, sondern die Geeignetsten. München: Oldenbourg.

Lüken, J. & Schimmelpfennig, H. (2017). Mehrfaktorielle Varianzanalyse. planung&analyse, 17(3), 51.

Lutz, J., Kemper, C. J., Beierlein, C., Margraf-Stiksrud, J. & Rammstedt, B. (2013). Konstruktion und Validierung einer Skala zur relativen Messung von physischer Attraktivität mit einem Item. Methoden – Daten – Analysen, 7(2), 209–232.

Maner, J. K., Kenrick, D. T., Becker, D. V., Delton, A. W., Hofer, B., Wilbur, C. J. & Neuberg, S. L. (2003). Sexually selective cognition: beauty captures the mind of the beholder. Journal of personality and social psychology, 85(6), 1107–1120.

Marg, L. (2012). Je fetter, desto besser. FOCUS Online. URL: http://www.focus.de/panorama/welt/xxl-wahn-in-mauretanien-wenn-aus-essen-folter-wird-_aid_722252.html (Abruf am 09.11.2017).

McArthur, L. Z. & Berry, D. S. (1987). Cross-cultural agreement in perceptions of babyfaced adults. Journal of cross-cultural psychology, 18(2), 165–192.

McDaniel, M. A., Hartman, N. S., Whetzel, D. L. & Grubb, W. (2007). Situational judgment tests, response instructions, and validity: a meta-analysis. Personnel psychology, 60(1), 63–91.

Mell, H. (2014). Bewerberansprache und Bewerbungsanalyse. In H. Strutz (Hrsg.), Handbuch Personalmarketing (2. erw. Aufl.). Wiesbaden: Springer Fachmedien.

Nerdinger, F. W., Blickle, G. & Schaper, N. (2008). Arbeits- und Organisationspsychologie. Berlin: Springer.

Patzer, G. L. (2006). The power and paradox of physical attractiveness. Boca Raton/Fla: Brown Walker Press.

Perrett, D. I., May, K. A. & Yoshikawa, S. (1994). Facial shape and judgements of female attractiveness. Nature, 368(6468), 239–242.

Peters, M., Rhodes, G. & Simmons, L. W. (2007). Contributions of the face and body to overall attractiveness. Animal Behaviour, 73(6), 937–942.

Psychometrica (2017). Berechnung von Effektstärken. Psychometrica. URL: https://www.psychometrica.de/effektstaerke.html#fvalue (Abruf am 09.11.2017).

Rhodes, G. (2006). The evolutionary psychology of facial beauty. Annual Review Psychology, 57, 199–226.

Rosar, U. & Klein, M. (2009). Mein (schöner) Prof. de. KZfSS Kölner Zeitschrift für Soziologie und Sozialpsychologie, 61(4), 621–645.

Rosar, U., Klein, M. & Beckers, T. (2008). The frog pond beauty contest: Physical attractiveness and electoral success of the constituency candidates at the North Rhine-Westphalia state election of 2005. European Journal of Political Research, 47(1), 64–79.

Rosar, U., Klein, M. & Hagenah, J. (2014). Physische Attraktivität und soziale Ungleichheit. Einige grundsätzliche Anmerkungen zu einem in der soziologischen Forschung kaum beachteten Prädiktor sozialer Ungleichheit. Analyse & Kritik, 36(1), 177–208.

Rossi, P. H. (1951). The Application of Latent Structure Analysis to the Study of Social Stratification. Dissertation, Columbia Universität.

Ruffle, B. J. & Shtudiner, Z. E. (2014). Are good-looking people more employable? Management Science, 61(8), 1760–1776.

Schipperges, I. & Simon, V. (2010). Bin ich nicht schön? Süddeutsche Zeitung. URL: http://www.sueddeutsche.de/leben/schoenheitsideale-der-kulturen-bin-ich-nicht-schoen-1.204145 (Abruf am 09.11.2017).

Schuler, H. (2002). Das Einstellungsinterview: Ein Arbeits- und Trainingsbuch. Göttingen: Hogrefe.

Schuler, H. (2014a). Arbeits- und Anforderungsanalyse. In H. Schuler & U. P. Kanning (Hrsg.), Lehrbuch der Personalpsychologie (3. überarb. erw. Aufl.) (S. 61–98). Göttingen: Hogrefe.

Schuler, H. (2014b). Biografieorientierte Verfahren der Personalauswahl. In H. Schuler & U. P. Kanning (Hrsg.), Lehrbuch der Personalpsychologie (3. überarb. erw. Aufl.) (S. 257–300). Göttingen: Hogrefe.

Schuler, H. & Berger (1979). Physische Attraktivität als Determinante von Beurteilung und Einstellungsempfehlung. Psychologie und Praxis, 23, 59–70.

Schwarz, S. (2015). Physische Attraktivität. In B. P. Lange & S. Schwarz (Hrsg.), Die menschliche Psyche zwischen Natur und Kultur (S. 141–149). Lengerich: Pabst.

Singh, D. (1994). Ideal female body shape: Role of body weight and waist-to-hip ratio. International Journal of Eating Disorders, 16(3), 283–288.

Singh, D., Dixson, B. J., Jessop, T. S., Morgan, B. & Dixson, A. F. (2010). Cross-cultural consensus for waist–hip ratio and women's attractiveness. Evolution and Human Behavior, 31(3), 176–181.

Stehr, C. (2009). Bitte recht seriös! Spiegel Online. URL: http://www.spiegel.de/karriere/bewerbungsfotos-bitte-recht-serioes-a-746078.html (Abruf am 09.11.2017).

Stone, S. (2009). Starke Frauen, starke Sprüche: 888 prägnante Weisheiten von und für Frauen. Geistreiche und kuriose Aussprüche prominenter Persönlichkeiten. Hannover: Humboldt. [zitiert nach Bedge, E. (2009)].

Stopp, U. (2006). Betriebliche Personalwirtschaft. Zeitgemäße Personalwirtschaft – Notwendigkeit für jedes Unternehmen. Mit 105 Wiederholungsfragen (27. Aufl.). Renningen: expert-Verlag.

Tennis, G. H. & Dabbs, J. M. (1975). Judging physical attractiveness: Effects of judges' own attractiveness. Personality and Social Psychology Bulletin, 1(3), 513–516.

Thalheimer, W. & Cook, S. (2002). How to calculate effect sizes from published research: A simplified methodology. Work-Learning Research, 1–9.

Tovée, M. J., Maisey, D. S., Emery, J. L. & Cornelissen, P. L. (1999). Visual cues to female physical attractiveness. Proceedings of the Royal Society of London B: Biological Sciences, 266(1415), 211–218.

Universität Zürich (2017). Mehrfaktorielle Varianzanalyse (ohne Messwiederholung). Universität Zürich. URL: http://www.methodenberatung.uzh.ch/de/datenanalyse/unterschiede/zentral/mvarianz.html (Abruf am 09.11.2017).

Watkins, L. M. & Johnston, L. (2000). Screening job applicants: The impact of physical attractiveness and application quality. International Journal of Selection and Assessment, 8(2), 76–84.

Welt (2015). Schönheit liegt im Auge des Betrachters. Welt. URL: https://www.welt.de/newsticker/dpa_nt/infoline_nt/wissenschaft_nt/article147116747/Schoenheit-liegt-im-Auge-des-Betrachters.html (Abruf am 09.11.2017).

Weuster, A. (2012). Personalauswahl I: Internationale Forschungsergebnisse zu Anforderungsprofil, Bewerbersuche, Vorauswahl, Vorstellungsgespräch und Referenzen (3. akt. überarb. Aufl.). Wiesbaden: Springer Gabler.

Wilson, R. K. & Eckel, C. C. (2006). Judging a book by its cover: Beauty and expectations in the trust game. Political Research Quarterly, 59(2), 189–202.

Literaturverzeichnis

Wippermann, C. (2014). Frauen in Führungspositionen. Barrieren und Brücken. Bundesministerium für Familie, Senioren, Frauen und Jugend. URL: https://www.bmfsfj.de/bmfsfj/service/publikationen/frauen-in-fuehrungspositionen/95850 (Abruf am 09.11.2017).

Anhang

A: Vignettendecks

Vollständiges Vignettendeck

Karte	Geschlecht	Attraktivität	Note	Berufserfahrung	Design
1	weiblich	attraktiv	1,3	1	2
2	weiblich	attraktiv	2	1	1
3	weiblich	attraktiv	1,3	5	1
4	weiblich	attraktiv	2	5	2
5	weiblich	unattraktiv	1,3	1	1
6	weiblich	unattraktiv	2	1	1
7	weiblich	unattraktiv	1,3	5	2
8	weiblich	unattraktiv	2	5	2
9	männlich	attraktiv	1,3	1	1
10	männlich	attraktiv	2	1	2
11	männlich	attraktiv	1,3	5	2
12	männlich	attraktiv	2	5	1
13	männlich	unattraktiv	1,3	1	2
14	männlich	unattraktiv	2	1	2
15	männlich	unattraktiv	1,3	5	1
16	männlich	unattraktiv	2	5	1

Vignettendeck 1

Design	Karte	Geschlecht	Attraktivität	Note	Berufserfahrung
1	12	männlich	attraktiv	Note 2	5 Jahre
1	9	männlich	attraktiv	Note 1,3	1 Jahr
1	15	männlich	unattraktiv	Note 1,3	5 Jahre
1	16	männlich	unattraktiv	Note 2	5 Jahre
1	2	weiblich	attraktiv	Note 2	1 Jahr
1	6	weiblich	unattraktiv	Note 2	1 Jahr
1	3	weiblich	attraktiv	Note 1,3	5 Jahre
1	5	weiblich	unattraktiv	Note 1,3	1 Jahr

Vignettendeck 2

Design	Karte	Geschlecht	Attraktivität	Note	Berufserfahrung
2	1	weiblich	attraktiv	Note 1,3	1 Jahr
2	10	männlich	attraktiv	Note 2	1 Jahr
2	13	männlich	unattraktiv	Note 1,3	1 Jahr
2	7	weiblich	unattraktiv	Note 1,3	5 Jahre
2	11	männlich	attraktiv	Note 1,3	5 Jahre
2	4	weiblich	attraktiv	Note 2	5 Jahre
2	14	männlich	unattraktiv	Note 2	1 Jahr
2	8	weiblich	unattraktiv	Note 2	5 Jahre

B: Fotoauswahl für den Fragebogen (Braun et al., 2001, Anhang E).

Unattraktive Bewerber

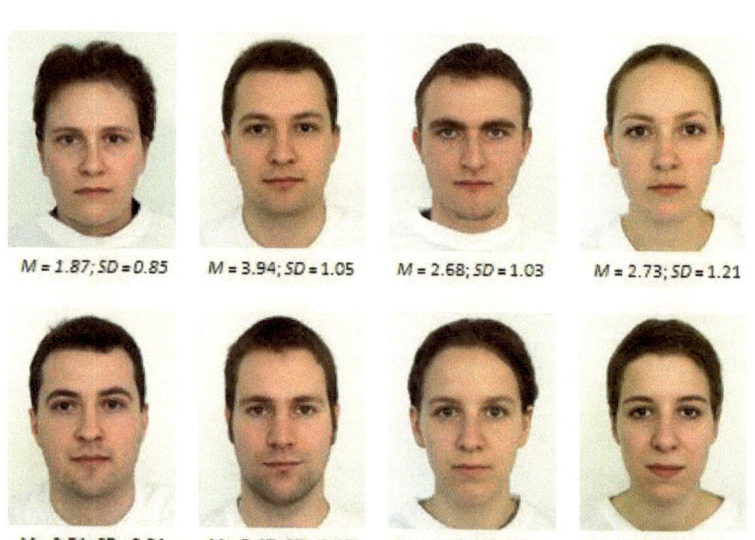

M = 1.87; SD = 0.85   M = 3.94; SD = 1.05   M = 2.68; SD = 1.03   M = 2.73; SD = 1.21

M = 2.51; SD = 0.91   M = 3.47; SD = 1.17   M = 2.27; SD = 0.95   M = 2.56; SD = 1.01

Anhang

Attraktive Bewerber

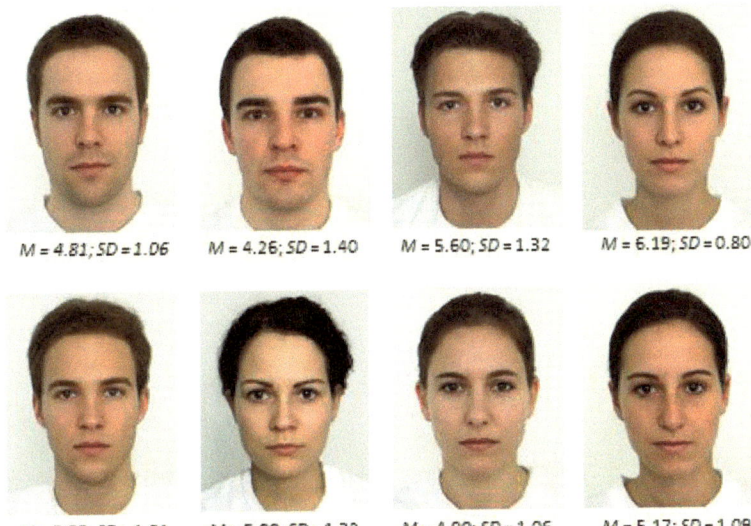

M = 4.81; SD = 1.06   M = 4.26; SD = 1.40   M = 5.60; SD = 1.32   M = 6.19; SD = 0.80

M = 5.55; SD = 1.01   M = 5.00; SD = 1.32   M = 4.90; SD = 1.06   M = 5.17; SD = 1.09

M = Mittelwert; SD = Standardabweichung
Skala: 1 = sehr unattraktiv, 2 = ziemlich unattraktiv, 3 = eher unattraktiv, 4 = mittelmäßig attraktiv, 5 = eher attraktiv, 6 = ziemlich attraktiv, 7 = sehr attraktiv